N & K

Florian Werner

Schüchtern

Bekenntnis zu einer
unterschätzten Eigenschaft

Nagel & Kimche

Für meinen Bruder Tobias

1 2 3 4 5   16 15 14 13 12

© 2012 Nagel & Kimche
im Carl Hanser Verlag München
Herstellung: Andrea Mogwitz und Rainald Schwarz
Satz: Gaby Michel, Hamburg
Druck und Bindung: Friedrich Pustet
ISBN 978-3-312-00544-4
Printed in Germany

MIX
Papier aus verantwor-
tungsvollen Quellen
FSC® C014889

Inhalt

Liebesgrüße aus Tonga **7**
Schüchtern betrachtet **15**
Vom Ei **29**
Nennt mich Kehinde **69**
Peinliche Befragung **101**
Am Apparat **131**
Keine falsche Scham **155**
Von der neuen Insel Aidotopia **167**

Dank **170**
Literaturliste **171**

Liebesgrüße aus Tonga   Es ist, als lastete auf dem Telefon ein böser Zauber. Als hätte ein polynesischer Stammeshäuptling über dem Apparat ein Tabu verhängt, das nur für mich bestimmt ist und das es mir unmöglich macht, den Hörer aufzunehmen und ein Telefonat zu führen. Selbst die harmlosesten Gespräche – mit meinem Steuerberater, mit der Hausverwaltung, einem Handwerker – stellen eine schier unüberwindliche Herausforderung dar. Natürlich schiebe ich solche Telefonate so lange wie möglich hinaus, wodurch die emotionale Last, die auf dem Gespräch liegt, immer größer wird. Erst wenn das Telefonat, meist bereits seit Wochen, unvermeidlich geworden ist, greife ich nach qualvollem Um-das-Telefon-Herumtigern und so ausführlichem wie skeptischem Betrachten des Apparats nach dem Hörer und wähle schnell, bevor ich einen Rückzieher machen kann, die fragliche Nummer.

Das Tuten am anderen Ende der Leitung ist erschreckend laut, wie das Klopfen an eine Grabkammer, das die Totenruhe eines bösen Geistes stören könnte, oder doch immerhin die Mittagspause eines Steuerberaters, Hausverwalters, Handwerkers. Ich wandere weiter durch die Wohnung, als könnte ich dadurch vor dem Telefonat davonlaufen, und fange an zu zählen. Eins, zwei, drei, vier, fünf. Fünf ist die Grenze, die Erlösung. Wenn sich nach fünfmaligem Klingeln niemand gemeldet hat, lege ich den Hörer schnell wieder auf, zugleich beruhigt, meiner Pflicht genüge getan, und beglückt, mit niemandem gesprochen zu haben.

Zugegeben: Rational nachvollziehbar ist dieses Verhalten nicht. Es ist durchaus schon vorgekommen, dass der oder die Angerufene das Gespräch innerhalb der ersten fünf Freizeichen entgegennahm, und ich bin erstaunlicherweise immer noch am Leben. Keine Flammen schlugen aus dem Hörer, um meinen Gehörgang zu versengen, keine Hand griff durch die Leitung, um mir den Kopf abzureißen. Wider Erwarten war ich häufig in der Lage, vollständige Sätze zu bilden, ich wurde nur selten beschimpft, oft genug war mein Gesprächspartner sogar richtig freundlich. Dennoch packt mich immer wieder diese rasende Angst vor dem Telefon. Daher meine Vermutung, dass ein polynesischer Häuptling, von mir unbemerkt, hin und wieder meiner Wohnung einen Besuch abstattet und meinen Telefonapparat mit einem Abwehrzauber belegt. Auch an anderen Orten treibt er sich herum und macht mir das Leben schwer: Ansammlungen fremder Menschen, städtische Behörden, Läden mit persönlicher Kundenbetreuung – sie alle sind für mich, wie man auf Tonganisch sagt, *tabu*, oder zu Deutsch: ‹verboten›. Das ist meine privatmythologische Erklärung dafür, weshalb mir der Umgang mit fremden Menschen so schwer fällt. Die allgemein geläufige Beschreibung meines Problems ist weitaus profaner, dafür aber auch weniger anschaulich: Ich bin ganz einfach schüchtern.

Ja, ich bin schüchtern, und es liegt in der Natur der Sache, dass mich selbst ein solch unspektakuläres Bekenntnis einige Überwindung kostet. Mit einem mir unbekannten Menschen ein längeres Gespräch zu führen, womöglich mit Blickkontakt, womöglich ohne Alkoholeinfluss, fällt mir unsagbar schwer. Wenn mich jemand auf der Straße anrempelt, entschuldige ich mich natürlich. Wenn ich das Gefühl habe, beobachtet zu werden, etwa in einer Straßenbahn oder einem Café, weiß ich nicht, wo ich hinschauen soll; zum Glück gucke ich aber meist sowieso auf den Boden, wo die Gefahr, dem Blick eines anderen Menschen zu begegnen, relativ gering ist, außer auf der Liegewiese eines Freibads oder am Strand, zwei Orte, die für Schüchterne allerdings noch ganz andere Probleme bereithalten. Meine Pullover haben fast alle eine Kapuze, unter der ich mich gegebenenfalls verstecken kann, und der Gott des Haarausfalls hat mir frühzeitig eine Glatze beschert, so dass ich bei jeder Jahreszeit eine Entschuldigung dafür habe, eine Mütze oder einen Hut zu tragen. Beim Schlafen ziehe ich immer die Bettdecke über den Kopf, weil ich Angst habe, dass ich von Geistern oder Einbrechern angesprochen werden könnte. Mein Kleiderschrank quillt über von Hosen und Hemden, die ich nur gekauft habe, weil ich nach einem längeren Verkaufsgespräch nicht in der Lage bin, einen Laden ohne Ware in der Hand zu verlassen; alles andere würde mir wie ein Affront gegen den Verkäufer erscheinen, der sich doch solche Mühe gegeben oder mir zumindest nichts Böses getan hat. Telefongespräche, die nicht absolut notwendig sind, suche ich, wie erwähnt, tunlichst zu vermeiden; als meine hochschwangere Frau vor der Geburt unserer Tochter einen Blasensprung hatte, musste sie den Krankenwagen rufen, weil es mir unhöflich schien, die Rettungsstelle mit diesem Problem zu belästigen.

1995, eigentlich ein Jahr voll persönlicher Katastrophen,

wird im Pantheon meiner Lieblingsjahre dennoch auf ewig einen Ehrenplatz einnehmen, denn in diesem Jahr erhielt ich meinen ersten E-Mail-Account: ein Quantensprung in der Geschichte der Telefonievermeidung. Leider benötige ich auch zum Verfassen elektronischer Botschaften unbotmäßig lange, da ich aus Furcht, den Empfänger durch unbedachte Wortwahl zu verletzen, selbst bei unwichtigen Mails an den Formulierungen feile, als handelte es sich um einen Beitrag zum Jahrbuch der Deutschen Lyrik; es fehlt nicht viel, und ich würde auch auf Spam-Mails freundliche Absagen verschicken («Herzlichen Dank für Ihr ebenso attraktives wie wohlfeiles Angebot, aber bevor ich ein solches Medikament benötige, bräuchte ich erst eines gegen Schüchternheit»). Wenn mich ein Zauberkünstler im Rahmen einer Vorführung als Demonstrationsobjekt auf die Bühne holte, würde ich umgehend und ohne Zutun des Magiers in zwei Hälften zerfallen oder mich in einen Hasen verwandeln. Wenn ich den *FAZ*-Fragebogen beantworten müsste, dann stünde bei mir in der Rubrik *Ihre Lieblingshelden in der Dichtung* der Mann aus Kafkas Türhüter-Legende, der sein ganzes Leben neben einer offenen Tür sitzt und schüchtern darauf wartet, dass man ihm Einlass gewährt, ganz oben.

Was möchten Sie sein? Eine Schildkröte.
Ihre Lieblingsblume? Pflänzlein Rühr-mich-nicht-an.
Ihr Lieblingsvogel? Vogel Strauß.
Ihre Lieblingstugend? Bescheidenheit.
Ihr größter Fehler? Bescheidenheit.
Ihre gegenwärtige Geistesverfassung? Schüchtern.

Allerdings bin ich mit dieser Eigenschaft nicht gerade allein: Angeblich leidet jeder fünfte Bundesbürger unter Schüchternheit, in den USA bezeichnen sich 42 Prozent der Bevölkerung als schüchtern, in Japan wollen es sogar 57 Prozent sein. Die Sozialphobie, also die schwere, pathologische – oder zumindest pathologisierte – Form der Schüchternheit, stellt nach Depressionen und Alkoholabhängigkeit inzwischen die dritthäufigste Form der psychischen Erkrankung in der westlichen Welt dar. In den vergangenen Jahrzehnten hat sich daher, um eine Formulierung der Soziologin Susie Scott zu verwenden, eine ganze «Schüchternheitsindustrie» herausgebildet. Pharmaunternehmen verdienen mit der medikamentösen Behandlung sozialer Angststörungen ein Vermögen: Allein die britische Firma GlaxoSmithKline nimmt mit dem Verkauf von selektiven Serotonin-Wiederaufnahmehemmern alljährlich an die drei Milliarden Dollar ein. Daneben sollen unzählige Selbsthilfe-Bücher mit Titeln wie *Das Buch für Schüchterne, Frei von Angst und Schüchternheit* oder *Endlich mit Frauen flirten* Schüchternen helfen, «Wege aus der Selbstblockade» zu finden, «[s]oziale Ängste [zu] besiegen» beziehungsweise «Schüchternheit und Angst vor dem Flirten mit einfachen Übungen erfolgreich selbst zu überwinden». Wer schüchtern ist, so scheint es, befindet sich in zwar unauffällig-zurückhaltender, aber überraschend großer Gesellschaft.

Doch trotz der Allgegenwart dieses Phänomens fühle ich mich als Schüchterner bisweilen wie ein Auslaufmodell. Vielleicht liegt es daran, dass wir Schüchternen naturgemäß leiser und bescheidener auftreten als unsere unschüchternen Zeitgenossen und daher im öffentlichen Diskurs weniger Aufmerksamkeit bekommen, als uns zahlenmäßig zustehen würde; auf jeden Fall lässt die zeitgenössische westliche Kultur der Schüchternheit immer weniger Raum und hat analog dazu für schüchterne Menschen immer weniger Verständnis.

Wer sich in unserer zunehmend flexibilisierten und kompetitiven Arbeitswelt durchsetzen will, der sollte sich möglichst offensiv selbst vermarkten, der sollte ständig neue Kontakte knüpfen, der tut auch nicht schlecht daran, den hinter ihm auf der Karriereleiter kletternden Kollegen hin und wieder gezielt auf die Finger zu treten – alles Dinge, die Schüchternen nicht gerade leichtfallen. Und auch jenseits der Arbeitswelt herrscht häufig das Recht des Selbstbewussten oder, aus schüchterner Sicht, des Schamlosen: Die Talkshows privater wie öffentlich-rechtlicher Fernsehanstalten befördern rund um die Uhr einen Kult der Selbstentblößung und des Seelenstriptease, der Zurückhaltung in privaten Dingen als einen im besten Fall liebenswert-verschrobenen, im schlechteren Fall depperten Anachronismus erscheinen lässt.

Wer es nicht ins Fernsehen schafft, der kann immerhin auf YouPorn sein Intimleben ins Internet stellen, später kann er dann auf YouTube der Weltöffentlichkeit die ersten Schritte seines dabei gezeugten Babys präsentieren oder die ersten Blockflötenversuche dessen älterer Geschwister. Soziale Netzwerke wie Facebook gestatten in nicht gekanntem Maß Einblick in die persönlichen Fotoalben und Korrespondenzen von Menschen, die man außerhalb solch virtueller Foren nur bedingt als Freunde bezeichnen würde. Und Mikroblogging-Anwendungen wie Twitter suggerieren, dass jedes noch so matte

Gedankenwetterleuchten es wert sei, ans Firmament des Internets projiziert und einer möglichst großen Schar von Leserinnen und Lesern zugänglich gemacht zu werden. Die Medienwissenschaftler Bernhard Pörksen und Wolfgang Krischke sprechen angesichts dieser Entwicklung von einer «Casting-Gesellschaft», in der «eine Kultur permanenter Selbstdarstellung und der [...] medienförmigen Inszenierung» herrscht; der amerikanische Autor und Jurist Tim Wu prägte entsprechend den Begriff der *exposure culture*.

Es gibt also einerseits angeblich immer mehr Schüchterne – andererseits leben wir in einer Gesellschaft, die der Schüchternheit immer weniger Raum lässt. Dieser scheinbare Widerspruch wirft natürlich eine Reihe von Fragen auf. Könnte es beispielsweise sein, dass unsere Entblößungsgesellschaft die Schüchternheit allererst hervorbringt: Ist Schüchternheit also eine Reaktion auf die Kultur der Selbstdarstellung und der Schnellfeuerkommunikation? Benötigt umgekehrt unsere selbstbewusste, zumindest in weiten Teilen unschüchterne Gesellschaft eine bestimmte Anzahl von Schüchternen als Folie, gegen die sie sich absetzen kann? Was wäre, wenn all die Psycho-Ratgeber und pharmazeutischen Lockermacher Erfolg hätten und es in absehbarer Zeit keine Schüchternen mehr gäbe? Ist eine Welt ohne Schüchternheit überhaupt vorstellbar? Wäre sie wünschenswert? Und, bevor wir uns solch vertrackten Problemstellungen widmen, eine ganz grundlegende Frage: Was ist überhaupt Schüchternheit?

Schüchtern betrachtet Wenn ich Freunden gegenüber offenbare, dass ich schüchtern sei, ja dass ich sogar an einem Buch zu diesem Thema arbeite, fallen ihre Reaktionen sehr unterschiedlich aus. Manche fühlen sich, was nicht unbedingt schmeichelhaft ist, in ihrer Wahrnehmung meiner Persönlichkeit hundertprozentig bestätigt: Klar, du warst ja schon immer ein bisschen verklemmt, weißt du noch, damals, hohoho, wer sollte ein solches Buch schreiben, wenn nicht du? Andere wiederum fallen nach eigenem Bekunden aus allen Wolken, da sie mich anscheinend in all der Zeit, die wir uns kennen, niemals als schüchternen Menschen wahrgenommen haben: Was, du willst schüchtern sein? Du stehst doch ständig mit deiner komischen Band auf der Bühne oder machst Lesungen – wie passt das denn zusammen? Diese Reaktion ist deutlich schmeichelhafter, obwohl sie natürlich meine Selbstwahrnehmung als Schüchterner in Frage stellt beziehungsweise mich der Koketterie oder Lüge bezichtigt.

Aus diesem Spektrum unterschiedlicher Reaktionen lassen sich, was die Schüchternheit anbelangt, nun mehrere Schlüsse ziehen. Zum einen ist ‹Schüchternheit› offenbar ein sehr weit gefasster Begriff: Während für den einen erst der therapieerfahrene Sozialphobiker als wahrhaft schüchtern gilt, wertet der andere bereits das Lampenfieber, das vermutlich die Mehrzahl aller Menschen vor einem öffentlichen Vortrag befällt, oder ein zurückhaltendes Betragen beim anschließenden Büffet als Anzeichen der Schüchternheit. Der *Textor*, das große Synonymwörterbuch der deutschen Sprache, kennt als sinnverwandte Worte für ‹Schüchternheit› die sehr unterschiedlichen Begriffe der ‹Verlegenheit› und der ‹Scham›: Während der erste einen bloß vorübergehenden und vergleichsweise harmlosen Zustand des sozialen Unwohlseins beschreibt, der in der Regel leicht zu überspielen ist, schwingt beim zweiten eine fundamentale, geradezu biblische Dimension von Sünde und Schuld mit: Nachdem Adam und Eva gegen das göttliche Nahrungstabu verstoßen hatten, erkannten sie ihre Nacktheit und schämten sich ihrer. Mit der Erkenntnis von Gut und Böse, ja mit dem Anfang der menschlichen Kultur, so legt diese Bedeutungsdimension des Wortes nahe, beginnt auch die Geschichte der Schüchternheit. Schüchternheit wäre mithin, zumindest in der jüdisch-christlich geprägten Welt, eine anthropologische Konstante.

Die Synonym-Funktion meines Computerprogramms empfiehlt, wenn ich das Wort ‹Schüchternheit› eingebe, die Ausdrücke ‹Scheu›, ‹Bammel›, ‹Bammels›, ‹Hemmung›, ‹Befangenheit›, ‹Scham›, ‹Bescheidenheit› und ‹Feigheit› als mögliche Alternativen – eine Vielzahl von Begriffen, die teils juristisch-wertneutral anmuten (Befangenheit), teils positiv besetzt sind (Bescheidenheit), in der Mehrzahl aber klar negativ konnotiert sind (Bammel, Hemmung, Feigheit). Offenbar hat der Begriff Schüchternheit einen ganzen Schwarm sinnverwandter Wörter in seinem Orbit, die ihn nicht nur mehr oder weniger eng umkreisen, sondern die auch semantisch miteinander kollidieren.

Zum Zweiten äußert sich Schüchternheit, ganz gleich ob sie nun positiv oder negativ besetzt ist, nicht in allen Situationen gleichermaßen: Der Angstforscher Borwin Bandelow von der Universität Göttingen definiert sie als «unbegründete oder übertriebene Angst vor Begegnungen mit anderen Menschen»; der amerikanische Psychologe Philip G. Zimbardo, der Begründer der sogenannten *Shyness Clinic* an der Universität von Stanford, präzisiert sie als «Angst vor Menschen, die aus irgendwelchen Gründen als emotionale Bedrohung empfunden werden: Fremde, weil man sie nicht kennt und nicht einschätzen kann; Autoritätspersonen, weil sie Macht ausüben; Angehörige des anderen Geschlechts, weil man mit ihnen intime Begegnungen haben könnte». Eine attraktive weibliche Vorgesetzte, die neu in die Firma kommt, dürfte demzufolge für einen schüchternen heterosexuellen Mann das größte anzunehmende Horrorszenario darstellen.

Da Freunde nun per Definition keine Fremden sind, da sie idealerweise keine Macht über ihre Freunde ausüben, und da die Möglich- oder Unmöglichkeit einer sexuellen Beziehung sich in der Regel in der Frühphase einer Freundschaft ausgemendelt hat, ist es tatsächlich gut möglich, dass manche meiner Freunde mich nie als schüchternen Menschen erlebt haben. Zumal ich vorwiegend Menschen zu meinem Freundeskreis zähle, die ebenfalls eher zurückhaltend veranlagt sind und bei denen die Gefahr, dass sie mich zum Tanzen auf einem Biertisch, zum Anquatschen einer wildfremden Frau oder zum öffentlichen Karaokesingen überreden wollen, sowieso gering ist. Wenn ich mich wider Erwarten doch auf einer Karaokebühne wiederfinde, was selten genug geschieht, entscheide ich mich natürlich immer für britischen Shoegazer-Pop, bei dem man schon des Namens wegen den Blick auf die eigenen Fußspitzen gerichtet halten muss.

Mit anderen Worten und auch wenn es paradox klingen mag: Schüchternheit ist zwar eine durchaus hartnäckige Charaktereigenschaft, die sich, anders als die vorübergehende Verlegenheit, nicht so einfach überspielen oder abschütteln lässt – sie zeigt sich aber nicht immer. Wie die von ihr betroffenen Menschen hält sich die Schüchternheit gerne bedeckt. Auch die Schüchternheit ist schüchtern.

Zum Dritten und Letzten handelt es sich, das dürfte aus dem Vorangegangenen deutlich geworden sein, bei der Schüchternheit um eine äußerst subjektive Kategorie. Psychologisch gesprochen: Schüchternheit hat nicht nur eine somatische und eine behaviorale, sondern auch eine kognitive Dimension; sie äußert sich also nicht nur in objektiven körperlichen Symptomen oder bestimmten Verhaltensweisen, sondern ist auch ein Produkt der je individuellen Wahrnehmung.

Wer sich selbst als schüchtern erlebt, dürfte kaum von seinen Freunden, oder auch von seinem Therapeuten, durch Argumente davon zu überzeugen sein, dass er in Wirklichkeit über ein gewaltiges Selbstbewusstsein verfügt. Wer umgekehrt von seiner Umgebung als schüchtern oder verklemmt eingestuft wird – eine gängige Kurzformel unter prä-, inter- und postpubertären Männern dafür lautet, dieser oder jener sei ‹schwul› –, der wird meist große Mühe haben, eine solche Zuschreibung durch Worte oder Taten zu widerlegen; zumal die Bescheinigung, man sei schüchtern, verklemmt, schwul zumindest in einem bestimmten Alter nicht gerade zu Höhenflügen in selbstbewusstem Verhalten anregt. Ich erinnere mich in diesem Zusammenhang an einen von mir mit vierzehn Jahren unternommenen, leider wenig erfolgreichen Versuch, meine männlichen Mitkonfirmanden von der tief in mir schlummernden Locker- und Verwegenheit zu überzeugen, indem ich während einer Wochenendfreizeit versuchte, mit einer Leiter den Balkon der Mädchenetage zu erklimmen. Kaum dass ich die oberste Sprosse erreicht hatte, zogen die anderen Jungs die Leiter unter mir weg, so dass ich auf äußerst unmännliche Weise am Rand des Geländers zu Baumeln kam und nur durch mitleidig zupackende Mädchenhände vor dem Sturz in die Tiefe bewahrt werden konnte. Ich kann nicht behaupten, dass diese Vorführung mich zu weiteren Verwegenheitsbeweisen inspiriert oder die vorherrschende Meinung über meine sozialen Defizite sonderlich verbessert hätte. Den Spitznamen ‹Schildkröte›, der mir aufgrund meines zurückgezogenen Wesens zu Beginn des Konfirmandenunterrichts zugeteilt worden war, wurde ich jedenfalls, soweit ich mich erinnere, bis zur Konfirmation nicht mehr los.

Auch wenn der Begriff der Schüchternheit also an den Rändern reichlich ausgefranst ist, verfügt er doch über einen stabilen semantischen Kern: Wer schüchtern ist, hat vor allem Angst. Angst vor der Aggression seiner Mitmenschen; Angst, dass er sich in einer sozialen Rolle wiederfinden könnte, die er nicht auszufüllen vermag; Angst, dass er der plötzlichen Missbilligung, dem unverständigen Kopfschütteln, dem spöttischen Gelächter einer ihm kritisch gesinnten Umwelt ausgesetzt sein könnte, die, im Gegensatz zum Schüchternen, mit den in der jeweiligen Situation gefragten sozialen Codes innig vertraut ist. Zumindest ist die Neigung, sich vor solchen Situationen zu fürchten, bei Schüchternen besonders ausgeprägt: Schüchternheit, schrieb schon Immanuel Kant, ist «eine *habituelle* Beschaffenheit, leicht in Furcht zu geraten».

Diese Furcht bedarf dabei nicht unbedingt eines konkreten Anlasses, sie benötigt, mit dem Philosophen Martin Heidegger gesprochen, kein «Wovor», sondern ist eher eine Disposition – das, was Heidegger als das «Fürchten selbst» bezeichnet: «Nicht wird etwa zunächst ein zukünftiges Übel [...] festgestellt und dann gefürchtet. [...] Das Fürchten [...] hat die Welt schon daraufhin erschlossen, daß aus ihr so etwas wie Furchtbares nahen kann.» In dieser Hinsicht unterscheidet sich die Schüchternheit auch vom Gefühl der Peinlichkeit oder der Scham, etwas Falsches getan zu haben: Während Letztere in der Regel eine zeitlich begrenzte Emotion darstellt, die schnell wieder verfliegen kann, handelt es sich bei der Schüchternheit um einen dauerhaften Wesenszug, um eine anhaltende Furcht vor Beschämung. Das Wort ‹vor› ist dabei durchaus im temporalen Sinn zu verstehen: Während das Gefühl des Sich-Schämens stets als Reaktion auf eine vorangegangene Situation folgt, geht die Schüchternheit dieser Situation in der Regel voraus. Sie ist also gewissermaßen proaktiv oder besser ‹propassiv›, da sie den Betroffenen gerade von Handlungen abhält, die zur Beschämung führen könnten. Und: Während das akute Scham- oder Peinlichkeitsgefühl sich vorwiegend auf die Tat, den Fauxpas, den begangenen Regelverstoß bezieht, betrifft die Schüchternheit die ganze Person. Wer sich schämt, etwas Unpassendes oder Verwerfliches getan zu haben, kann seine Tat wenn nicht ungeschehen, so doch immerhin ‹wiedergutmachen› – der Schüchterne hingegen müsste sein gesamtes Wesen ändern, um seine Schüchternheit loszuwerden. Er fühlt sich von Grund auf defizitär und verletzlich.

Es ist in diesem Zusammenhang bezeichnend, dass unser Ausdruck ‹Schüchternheit› sprachgeschichtlich eng mit den Begriffen der ‹Scheu› und des ‹Scheuchens› verwandt ist: Ursprünglich bezeichnete das Wort die Furcht, Beutetiere vor Gefahr oder der latenten Bedrohung durch eine ihnen feindselig gesonnene Umwelt empfinden. Wer schüchtern ist, fühlt sich dieser Bedeutung zufolge wie ein aufgescheuchtes Reh auf einer Waldlichtung: exponiert, beobachtet, verletzlich. Er steckt voller Furcht, dass hinter jedem Baum ein potentieller Angreifer lauern könnte, und versucht daher, sich nach Möglichkeit ins Unterholz zurückzuziehen, wo er den Blicken seiner Fressfeinde entzogen ist. Das vielleicht einprägsamste literarische Beispiel für einen solchen chronisch Furchtsamen ist der halb tierische, halb menschliche Protagonist aus Franz Kafkas Erzählung «Der Bau», der sich nach Maulwurfsart in einem unterirdischen Höhlensystem verscharrt hat und dort, fernab von anderen Wesen, mit nichts als der beständigen Sorge um seine Bloßstellung befasst ist: «Gehe ich nur in der Richtung zum Ausgang, [...] glaube ich schon in die Atmosphäre einer großen Gefahr zu geraten, mir ist manchmal, als verdünne sich mein Fell, als könnte ich bald mit bloßem kahlem Fleisch dastehen und in diesem Augenblick vom Geheul meiner Feinde begrüßt werden.»

Erst seit Ende des 18. Jahrhunderts fand der Begriff Schüchternheit auch in jenem Sinne Verwendung, in dem er uns heute geläufig ist: also zur Beschreibung einer dauerhaften menschlichen Charaktereigenschaft, die sich durch «zaghafte unsicherheit, blöde befangenheit, furcht vor miszerfolg, miszachtung, miszdeutung» äußert, wie Jacob und Wilhelm Grimm im *Deutschen Wörterbuch* schreiben. In seinem 1797 erschienenen Versepos *Hermann und Dorothea* etwa ließ Johann Wolfgang von Goethe den Vater des Titelhelden über seinen sonst wohlgeratenen, leider aber etwas verklemmten Sohn klagen:

> Aber ungern seh ich den Jüngling, der immer so tätig
> Mir in dem Hause sich regt, nach außen langsam und schüchtern.
> Wenig findet er Lust sich unter Leuten zu zeigen;
> Ja, er vermeidet sogar der jungen Mädchen Gesellschaft,
> Und den fröhlichen Tanz, den alle Jugend begehret.

Der altertümlichen Sprache und etwas verqueren Wortstellung zum Trotz lesen sich diese fünf Verse bereits wie eine durch und durch moderne Definition pubertärer Schüchternheit: Wer schüchtern ist, der scheut die Gesellschaft anderer Menschen, und nicht zuletzt den erotisch aufgeladenen Kontakt mit dem anderen Geschlecht.

Dennoch war der Begriff der Schüchternheit damals nicht notwendigerweise negativ konnotiert: Goethes Zeitgenosse Heinrich Christian Boie etwa galt die Schüchternheit noch als überaus wünschenswertes Attribut. So empfahl der Dichter in seinen idyllischen «Schäferlehren» einem männlichen Werber, dass dieser bei der Brautschau gerade den schüchternen Damen seine besondere Aufmerksamkeit schenken möge:

Seelenwort sey ihre Rede;
Schüchtern blicke sie, nicht spröde,
Nicht mit falscher Scham um sich,
Und ihr Herz erkenne dich!

Die Schüchternheit wird hier interessanterweise sowohl in Gegensatz zur kaltschultrigen ‹Sprödigkeit› als auch zur schlangenhaften ‹falschen Scham› (hinter der sich in Wahrheit ein liederlicher Charakter verbirgt) gesetzt, markiert also die goldene Mitte zwischen sozialer Inkompetenz und übergroßer Kenntnis der gesellschaftlichen Codes und Maskeraden. Sie erscheint als Signum der Authentizität und Ehrlichkeit, als eine Eigenschaft, die mit dem tief aus dem Innersten entspringenden «Seelenwort» auf einer Stufe steht. Tatsächlich galt die Schüchternheit, wie wir sehen werden, gerade im Zeitalter des Sturm und Drang immer wieder als Anzeichen der Innerlichkeit, der Echtheit und der charakterlichen Tiefe.

Allerdings, und dies ist bedeutsam, ist das ideale Wesen, dem hier von Boie ein ach-so-schöner schüchterner Blick angedichtet wird, eine Frau: Da der Begriff der Schüchternheit stets die Abweichung von einer gesellschaftlichen Norm bezeichnet (wer schüchtern ist, verhält sich – oder hält sich für – sozial inkompetenter als der Durchschnitt), ist er auch mehr oder weniger klar gegendert. Nur wer eine Erwartungshaltung nicht erfüllt, wird als defizitär wahrgenommen; nur jemand, von dem man ein offensives, selbstbewusstes Auftreten erwartet, kann auch im negativen Sinn als schüchtern gelten. In einer patriarchal geprägten Gesellschaft, in der, gerade was Geschlechterbeziehungen anbelangt, dem Mann eine aktive Rolle zugesprochen wird, während die Frau das passive Objekt maskuliner Begierde darstellen soll, ist Schüchternheit daher vor allem ein männliches Problem.

Während der Goethesche Hermann sich nach dem Willen seines Vaters ruhig etwas selbstbewusster unter das paarungswillige Jungvolk mischen könnte, um eine Braut zu finden, steht die Schüchternheit dem geschlechtsreifen Weibchen aus Boies «Schäferlehren» allerbestens zu Gesicht. Der Mann darf, ja muss diesem traditionellen Rollenverständnis zufolge die Frau ansprechen, aufreißen, erobern – die Frau hingegen muss sich nur schüchtern zurücklehnen und umgarnen lassen. Bloß *allzu* schüchtern, Boie nennt es «spröde», darf sie eben auch nicht sein: Sonst würde sie dem (insgeheim vielleicht doch nicht ganz so selbstbewussten) Mann seine Avancen vermutlich allzu schwermachen.

Angesichts dieser ungleich verteilten Geschlechterrollen kann es nicht überraschen, dass sich die ersten Schüchternheitsratgeber sowohl explizit als auch in der Wortwahl an Männer richteten. So heißt es in *Die erfolgreiche Bekämpfung der Schüchternheit* aus dem Jahr 1911, dass die Schüchternheit die von ihr betroffenen Menschen nicht nur «übermannt», sondern nachgerade «entmannt», sie also ganz und gar ihrer maskulinen Charaktereigenschaften beraubt. Der Theoriebildung der Zeit entsprechend führt das Buch dieses charakterliche Defizit denn auch auf eine Tätigkeit zurück, die als spezifisches Männer- beziehungsweise Knabenproblem galt, nämlich die Masturbation: «Es ist sicher, dass sich die weitaus größere Anzahl der Schüchternen [...] aus Leuten zusammensetzt, die in der Zeit der Mannbarkeit [...] ihre sexuellen Triebe auf eine Weise zu befriedigen gesucht hat, die nicht dem natürlichen Wege und Maße entspricht.» Frauen und Mädchen hingegen gesteht der Ratgeber ein schüchternes Betragen – obwohl dieses eingangs als «der schwierigste und gefährlichste aller Lebensfehler» bezeichnet wird – durchaus zu; mehr noch, es preist die weibliche Schüchternheit sogar als besonders ehrbar und charaktervoll: «Die Schüchternheit, welche Mädchen vor den Männern kundgeben, ist naturgemäß anderer Art als die der Knaben vor Frauen und Mädchen. Bei letzteren ist das Schamgefühl [...] geradezu als edles Gefühl und als sittliche Schutzwehr vor Unreinem zu loben.»

Doch nicht nur populäre Selbsthilfebücher, auch renommierte Wissenschaftler beschrieben die Schüchternheit als typisch weibliche Eigenschaft und ergo als männliches Manko: Der Psychoanalytiker Alfred Adler etwa wertete ein übertriebenes Schamverhalten als ‹männlichen Protest› mit ‹weiblichen Mitteln›. Und das Bündel von Eigenschaften, das Sigmund Freud in seiner umstrittenen Vorlesung über «Die Weiblichkeit» als typisch für das ‹Wesen der Frau› bezeichnete, deckt sich auf verblüffende Weise mit der Beschreibung eines Schüchternen.

Obwohl sich seit dem frühen 20. Jahrhundert an diesem altbacken-patriarchalen Rollenbild zum Glück einiges geändert hat, leben manche Grundannahmen, was den ‹natürlichen›

Charakter des Mannes und der Frau betrifft, auch in unserer vermeintlich aufgeklärten Zeit noch fort – und diese zeigen sich eben nicht zuletzt an dem geschlechterspezifischen Umgang mit der Schüchternheit. So wird ein zurückhaltendes Betragen bei Mädchen und Frauen auch heute noch eher akzeptiert als bei Jungen und Männern: Schüchternheit gilt offenbar weiterhin als Teil ihrer kulturellen Geschlechteridentität, als Teil dessen, was in der feministischen Theorie als *gender* bezeichnet wird.

Wenn ein pubertierender Junge sich im Umgang mit dem anderen Geschlecht auffallend schüchtern verhält, so wird ihm, wie erwähnt, von seinen Altersgenossen bisweilen unterstellt, dass er homosexuell sei; ein zurückhaltendes Auftreten gilt also, zumindest in bestimmten Jungmännerkreisen, nach wie vor als weiblich oder ‹weibisch› (als der amerikanische Schauspieler und Teenager-Schwarm Kellan Lutz 2011 Gerüchte um seine sexuelle Orientierung zurechtrücken wollte, gab er bezeichnenderweise zu Protokoll, er sei «nicht schwul, nur schüchtern»). Die Wahrscheinlichkeit, dass ein reserviert agierendes Mädchen von ihren Klassenkameradinnen als ‹Lesbe› beschimpft wird, ist demgegenüber vermutlich eher gering. Auch wenn sie subjektiv genauso unter ihrer Schüchternheit leiden mag wie ein Junge, wird ihr Verhalten doch eher als dem weiblichen Rollenklischee entsprechend akzeptiert.

Dieses *gendering* setzt sich auch im Erwachsenenalter und hier vor allem im Berufsleben fort. Wie wir gesehen haben, ist Schüchternheit zuvorderst ein Problem der öffentlichen Selbstdarstellung. Da nun die Mehrzahl der deutschen Manager, Minister, Verfassungsrichter und Vorstandsvorsitzenden –

Menschen also, die sich aus beruflichen Gründen andauernd exponieren müssen – nach wie vor Männer sind, gilt Schüchternheit in der Berufswelt, sowohl in absoluten als auch in relativen Zahlen gesehen, vor allem als männliches Problem.

Die Anzeigen, mit denen in den USA Medikamente beworben werden, die gegen soziale Phobien zum Einsatz kommen, adressieren dementsprechend meist völlig verschiedene Problemzonen, je nachdem, ob sich die Kampagne an eine männliche oder eine weibliche Zielgruppe richtet. Zeigen die Werbebilder als betroffenen Beispielpatienten einen Mann, so erzählen die begleitenden Texte von beruflichen Misserfolgen, verpassten Beförderungen, traumatischen Bürosituationen oder Pech bei der Partnersuche: Dies sind offenbar die sozialen Indikationen, die den Einsatz des fraglichen Mittels bei Männern nahelegen. Zeigen die Bilder hingegen eine Frau, so schildern die Werbetexte eher private, persönliche Probleme: die Verarbeitung eines Unfalls, den Verlust eines geliebten Menschen, ‹emotionale Taubheit›. Die Adressatin dieser Anzeigen, so scheint es, ist eher die unglückliche Hausfrau, die – wie Betty Draper, die Gattin des chronisch aushäusigen Werbeagenten Don Draper aus der amerikanischen TV-Serie *Mad Men* – den ganzen Tag und manchmal auch die halbe Nacht darauf wartet, dass ihr Herr Gemahl endlich heimkehrt und sie aus dem Karussell jener finsteren Gedanken erlöst, das sich unweigerlich zu drehen beginnt, wenn man zu lange auf die Blümchentapete gegenüber der Sofaecke gestarrt hat.

Nehmen wir kurz in dieser Sofaecke Platz, schieben die Psychopharmaka beiseite, werfen einen Blick auf das bisher Gesagte und ziehen ein vorläufiges Resümee. Was ist Schüchternheit? Dieses schwer zu fassende Phänomen, so viel scheint immerhin deutlich geworden zu sein, ist in der Regel kein vorübergehender Zustand, sondern eher, um eine Formulierung Martin Heideggers zu verwenden, eine «Grundstimmung». Die Frage, ob jemand an dieser Stimmung teilhat oder nicht, lässt sich objektiv nur schwer beantworten, da sie sich zum einen nur in bestimmten Situationen offenbart und zum anderen in besonderem Maß diskursiv konstruiert ist: Wer sich als schüchtern bezeichnet oder so von anderen bezeichnet wird, der ist, zumindest bis das Gegenteil bewiesen ist, schüchtern. Zudem ist die Definition der Schüchternheit enormen historischen Wandlungen unterworfen: Die Frage, wer in welcher Situation als schüchtern gilt, sagt viel über die sozialen Rollenerwartungen aus, die Männern und Frauen sowohl im Berufsleben als auch im Alltag entgegengebracht werden; Schüchternheit ist mithin eine Art Lackmustest für die Gleichheit und Offenheit einer Gesellschaft. Und: Sie verdankt sich, dem eingangs geschilderten privatmythologischen Gleichnis zum Trotz, ganz sicher nicht dem Wirken eines tonganischen Häuptlings. Woher aber rührt sie dann? Welche Erlebnisse können zur Entwicklung der Schüchternheit führen? Ist sie angeboren? Wie wird man schüchtern?

Vom Ei Ich vermute, dass ich schon schüchtern geboren wurde. Ja manchmal erscheint es mir wie ein Wunder, dass ich *überhaupt* geboren wurde; manchmal stelle ich mir vor, dass schon jenes Spermium, das, zusammen mit der Eizelle meiner Mutter, den Nukleus und Ursprung meiner Existenz und damit auch meiner Schüchternheit bilden sollte, ziemlich schüchtern gewesen sein muss. Ich stelle mir vor, wie das Spermium kurz vor meiner Empfängnis scheu in einer Ecke des Eileiters herumstand und dabei inständig hoffte, in dem Gedränge bloß keinem der anderen dreihundert Millionen Spermatozoen auf die Geißel zu treten. Und dieses Spermium war immerhin das selbstbewussteste von allen! Schließlich war es das einzige, das sich letzten Endes ein Herz oder besser: einen Zellkern gefasst und sich getraut hat, in die Eizelle meiner Mutter einzudringen, während die anderen Spermatozoen schüchtern daneben standen und wieder mal allein nach Hause gehen mussten.

Wobei, ich muss mich korrigieren: Es muss wenigstens *ein* Spermium gegeben haben, das noch selbstbewusster – oder zumindest etwas weniger schüchtern – war als jenes, aus dem ich meinen Anfang nahm: nämlich das, aus dem mein Zwillingsbruder entstanden ist. Wir sind zweieiige Zwillinge, und ich hoffe, ich trete meinem Bruder nicht zu nahe, wenn ich behaupte, dass er ganz anders ist als ich; und das heißt nicht zuletzt: Er ist weniger schüchtern. Er hat vor mir geheiratet, er hatte vor mir eine Freundin, und als wir im zarten Alter von vierzehn Jahren Tanzstunden nahmen und ich mir am letzten Unterrichtstag endlich ein Herz fasste und ein Mädchen fragte, ob sie mit mir zum Abschlussball gehen wolle, da hatte sie gerade meinem Bruder zugesagt.

Auch bei unserer Geburt war er natürlich der Erste. Eine von unserer Mutter immer wieder zum Besten gegebene Anekdote besagt sogar, dass ich seinerzeit beinahe in ihr vergessen worden wäre, weil ich mich so klein und scheu in einer Ecke der Gebärmutter versteckt hielt, dass ich leicht zu übersehen war (der Traum eines jeden Schüchternen; in den Worten von Friedrich Nietzsche: «nicht geboren zu sein, nicht zu *sein*, *nichts* zu sein»). Es ist also nur billig anzunehmen, dass mein Bruder bereits bei unser beider Empfängnis schneller war als ich; dass er beziehungsweise das für ihn bestimmte Spermium meine Keimzelle unsanft beiseite geschubst und sich selbstbewusst auf die größere der beiden Eizellen gestürzt hat, die da im Eileiter staken und ihrer Befruchtung harrten. Aber ich sollte mich nicht beschweren; ich sollte froh sein, dass überhaupt noch eine zweite Eizelle da war. Die 299 999 998 anderen Spermatozoen, die notgedrungen leer ausgingen, waren deutlich übler dran.

Natürlich sind solche Überlegungen ziemlich neurotisch, ja nachgerade absurd. Trotzdem rühren sie an einen neuralgischen Punkt, an eine zentrale Frage, die sich wohl jeder Schüchterne schon einmal gestellt hat: Warum bin ich eigentlich schüchtern? Seit wann? Wer oder was hat mich geprägt, hat mich zu dem gemacht, der ich bin? Bin ich so schüchtern, weil ich seinerzeit bei der Tanzstunde eine Zurückweisung erfahren habe – oder bin ich umgekehrt nur deshalb zurückgewiesen worden, weil ich zu schüchtern war, um rechtzeitig zu fragen? Rührt meine Schüchternheit daher, dass mein Zwillingsbruder mich damals bei unserer Geburt in die Schranken verwiesen hat – oder habe ich ihm den Vortritt gelassen, weil ich schon als Fötus so verdammt schüchtern war? Mit anderen Worten: Ist Schüchternheit genetisch bedingt – oder entsteht sie durch Erfahrungen, Erziehung, Kultur?

Tatsächlich spricht einiges dafür, dass Schüchternheit zumindest teilweise angeboren ist, besteht doch gerade bei dieser Charaktereigenschaft, um es auf Humanwissenschaftlich zu sagen, eine ausgeprägte ‹familiäre Häufung›. Wenn mein Zwillingsbruder weniger schüchtern ist als ich, so ist das nicht notwendigerweise ein Widerspruch: Da wir als zweieiige Zwillinge nur etwa fünfzig Prozent des Erbguts teilen, wäre es durchaus denkbar, dass ich den Löwenanteil der für diese Disposition zuständigen Erbinformationen abbekommen habe, während im Genpool meines Bruders irgendwelche anderen suboptimalen Erbanlagen verklappt wurden.

Die Psychologen Dorret Boomsma und Robert Plomin gehen sogar davon aus, dass Schüchternheit in stärkerem Maß weitervererbt wird als andere Charaktereigenschaften – allerdings nicht über ein einzelnes Gen oder ein bestimmtes Chromosom, sondern vermutlich über ein ganzes Bündel von Anlagen. Unter anderem scheint bei sozialängstlichen Menschen das hormonelle Gleichgewicht zwischen dem sogenannten Belohnungssystem, dem Angstsystem und dem denkenden Gehirn gestört zu sein. Üblicherweise schüttet der Körper in sozialen Situationen Botenstoffe wie Dopamin aus, die das Belohnungssystem stimulieren und so für gemeinschaftsbedingtes Wohlbefinden sorgen. Bei Schüchternen funktionieren nun die für die Dopamin-Aufnahme zuständigen Rezeptoren offenbar nicht richtig. Das Angstsystem arbeitet hingegen auf Hochtouren, wofür, wie bei vielen depressiven Erkrankungen, ein Mangel an Serotonin verantwortlich gemacht wird. Das denkende Gehirn schließlich muss die widerstreitenden Signale, die es von dem Belohnungs- und dem Angstsystem empfängt, gegeneinander abwägen, muss zwischen der *Lust auf* und der *Angst vor* Gesellschaft vermitteln. Bei schüchternen Menschen behalten die hysterischen Stimmen aus dem Angstsystem dabei offenbar häufig die Oberhand, während die zaghaften Einflüsterungen des Belohnungssystems ungehört im Schädelinneren verhallen.

Gut möglich also, dass meine Schüchternheit nichts weiter als das Resultat eines genetisch bedingten hormonellen Ungleichgewichts ist und dass ich bei rechtzeitiger Einnahme von selektiven Serotonin-Wiederaufnahmehemmern ein vor Selbstbewusstsein strotzender Draufgängertyp geworden wäre. Allerdings sträubt sich etwas in mir (vermutlich das verdammte Angstsystem), mich mit einer solchen rein neurowissenschaftlichen Erklärung zufrieden zu geben: Schließlich wurden die Erbanlagen, aus denen ich mich entwickelt habe, nicht einfach von meinen Eltern in einer Petrischale zusammengerührt, mit einem Bunsenbrenner auf siebenunddreißig Grad erhitzt und dann achtzehn Jahre lang auf der Fensterbank stehengelassen, um zu sehen, ob sich daraus ein drolliger Homunkulus entwickeln würde. Wie alle Menschen bestehe ich nicht nur aus einer Summe von Genen, sondern wurde auch durch Umwelteinflüsse und soziale Erfahrungen geprägt. Auch wenn ich genetisch zur Schüchternheit determiniert sein sollte, wäre ich vermutlich weniger schüchtern geworden, wenn diese Saat nicht auf fruchtbaren Boden gefallen wäre.

Wenn ich Fotos aus meiner frühesten Kindheit betrachte, so kann ich beim Anblick des untergewichtigen Zwergs, zu dem ich rückblickend ‹Ich› sage, noch keine Anzeichen besonderer Schüchternheit entdecken. Im Gegenteil, fast kommt es mir vor, als schaute ich besonders keck in die Kamera – was aber auch nicht weiter verwunderlich ist, schließlich zeigen Kinder in den ersten Lebensmonaten prinzipiell noch keine Anzeichen von Schüchternheit. Zum Glück: Wenn man sich als Neugeborener beim Anblick einer nackten Frau schämen würde, wären die Überlebenschancen nicht allzu groß.

Tatsächlich lebt der Säugling in den ersten Monaten seines Lebens in einem psychischen Zustand, in dem es noch keine klare Trennung zwischen Subjekt und Objekt, zwischen Selbst und Umwelt gibt, und in dem Gefühle wie Scham und Schüchternheit daher schlechterdings unmöglich sind – schließlich setzen diese ein Gefühl der Beobachtung und Wertung durch andere voraus. Sigmund Freud bezeichnet diesen Zustand als Stadium des ‹primären Narzissmus›, der Schweizer Entwicklungspsychologe Jean Piaget verwendet den Begriff des ‹radikalen Egozentrismus›; in der Sprache des deutschen Idealismus könnte man, metaphysischer, auch von einem Zustand des ‹absoluten Seyns› sprechen. Das Kind ist all-eins mit seiner Wahrnehmung, es empfindet sich als identisch mit seiner Umwelt und kann daher noch keinen distanzierenden Blick auf sich selbst oder andere werfen. Erst in dem Moment, den Friedrich Hölderlin als «Ur-Theilung» bezeichnet, wird ein Gefühl der Nicht-Identität mit der Umgebung (die *Ur-Teilung*) und damit auch die Angst vor deren *Urteil* möglich: «Wie ist aber Selbstbewußtseyn möglich? Dadurch daß ich mich mir selbst entgegenseze, mich von mir selbst trenne, aber ungeachtet dieser Trennung mich im entgegengesezten als dasselbe erkenne.»

Im Alter von vier bis acht Monaten beginnt das Kind in der Regel zu fremdeln, zeigt also erste Anzeichen sogenannter ‹ängstlicher Schüchternheit› *(fearful shyness)* gegenüber anderen Menschen. Doch erst mit eineinhalb bis zwei Jahren – in jenem Alter also, in dem das Kind beginnt, sein Ebenbild im Spiegel zu erkennen – stellen sich allmählich komplexere Schuld- und Schamgefühle ein. Tätigkeiten, die für das Kind zuvor noch ungebrochen lustbesetzt waren wie das Herumspielen an den eigenen Genitalien oder das Grabbeln in den Exkrementen, werden von Eltern und Erziehern nun negativ bewertet, die von diesen verhängten Verbote werden allmählich internalisiert, die Aufspaltung der Psyche in ein Es, ein Ich und ein Über-Ich (um die Freudschen Kategorien zu verwenden) beginnt: Es kommt, wie Anna Freud dies nennt, zu einer Umkehrung der ursprünglichen, frühkindlichen «Exhibitionslust».

Gegen Ende des vierten Lebensjahrs lernen Kinder, sich in andere Menschen hineinzuversetzen: Sie begreifen, dass diese von der eigenen Wahrnehmung abweichende, kritische Sichtweisen auf ihre Person haben können. Die Form der Befangenheit, die sich nun entwickelt, wird auch ‹selbst-aufmerksame

Schüchternheit› *(self-conscious shyness)* genannt, da sie, in den Worten des Psychologen Klaus R. Scherer, «ein Bewußtsein von einem eigenen Selbst und die Fähigkeit voraussetzt, die Perspektive des anderen einzunehmen und damit sich selbst als Objekt ihrer Aufmerksamkeit zu erleben.» Für die Eltern ist diese neue Form der kindlichen Befangenheit oft frappierend: Obwohl sie ihre Tochter, ihren Sohn im Familienkontext als offen und redselig erleben, verstummt das Kind in Gegenwart anderer Menschen abrupt, klammert sich an den Rockzipfel oder das nächstbeste elterliche Hosenbein und ist außerstande, sich für ein Geschenk zu bedanken, auf Wiedersehen zu sagen oder gar ‹der Tante› einen Kuss zu geben. Selbstkritische Eltern denken vermutlich, sie hätten bei der Erziehung etwas falsch gemacht – in Wirklichkeit hat ihr Kind gerade einen wichtigen entwicklungspsychologischen Schritt vollzogen.

Parallel zu den kognitiven Fähigkeiten entwickelt sich also auch das Potential zur Schüchternheit: Je besser sich das Kind in andere hineinzudenken vermag, desto leichter fällt es ihm, deren Urteile über sich selbst zu antizipieren oder zu imaginieren. Diese Entwicklung erreicht ihren Höhepunkt normalerweise in der Pubertät, also ausgerechnet in jenem Alter, in dem ein gesteigertes Interesse an der Selbstdarstellung mit einer zunehmenden Entfremdung vom eigenen Körper zusammenfällt: Man würde sich gerne zeigen, dabei aber am liebsten nicht gesehen werden. Da diese hormonellen Chaostage kaum jemandem erspart bleiben, dürfte das Gefühl der Schüchternheit auch Menschen, die sonst als selbstbewusst gelten, zumindest aus der Adoleszenz vertraut sein. Bei einer Befragung von achthundert jungen US-Amerikanern gaben immerhin neunundneunzig Prozent an, mit einer solchen Form der situativen Schüchternheit vertraut zu sein; das übrige Prozent dürfte dort, wo normalerweise das Herz sitzt, einen Klumpen Rinderhack in der Brust haben.

Wann ich selbst zum ersten Mal Schüchternheit empfunden habe, kann ich nicht mit Bestimmtheit sagen. Das erste Bild, das emporsteigt, wenn ich im trüben Tümpel meiner frühkindlichen Erinnerungen fische: Ich liege im Wasser, offenbar in einer Badewanne, alles um mich herum ist weiß, warm, weiß ... doch halt! Dort auf dem Grund der Wanne liegt ein braunes, längliches Etwas. Ich weiß nicht, wo es herkommt, habe aber den dumpfen Verdacht, dass es vorher in mir gewesen sein und sich unkontrolliert aus einer meiner Körperöffnungen davongestohlen haben könnte. Mit dieser Erinnerung verbinde ich ein erstes, vages Gefühl der Entblößung – ich glaube aber nicht, dass das für besondere Schüchternheit spricht, im Gegenteil: Solche Schamgefühle gehören zur Sozialisation notwendigerweise dazu. «Scham ist in der Regel ein vorteilhaftes und nützliches Gefühl», schreibt der Psychologe Rowland S. Miller, «das normalerweise wichtige interaktive Funktionen hat». Indem wir uns schämen oder beschämt werden, lernen wir gesellschaftliche Regeln und Normen kennen und sie einzuhalten. Wenn bestimmte Verhaltensweisen nicht mit Scham- und Peinlichkeitsgefühlen belegt wären, würden wir auch als Erwachsene noch fröhlich in die Badewanne kacken.

Meine erste zusammenhängende Erinnerung, mit Ton und in Farbe, stammt aus dem Kindergarten – und ich glaube, dass diese eigentlich unspektakuläre, für meine Genese als Schüchterner aber bezeichnende Episode mir vor allem deshalb noch so lebhaft vor Augen steht, weil ich mich damals sehr schämte. Wir waren im Bewegungsraum und spielten eine Art Charade: Jedes Kind musste also vor den Rest der Gruppe treten und pantomimisch eine Handlung darstellen; die anderen mussten erraten, was er oder sie da machte. Schon damals, im zarten Alter von vier oder fünf Jahren, war ich von der Vorstellung besessen, eine Mauer um mich zu errichten; und nicht nur das, ich wollte die Mauer, um sie gegen Eindringlinge zu imprägnieren, auch noch mit flüssigem Stahl bestreichen. Als ich bei der Charade an die Reihe kam, fiel mir daher nichts besseres ein, als einen unsichtbaren Pinsel in einen imaginären Eimer zu tauchen und dann mit regelmäßigen Bewegungen eine übermannshohe Fläche, die mich von meinen Spielkameraden trennte, zu bemalen.

Nun muss man wissen, dass ich einen sehr holzvertäfelten, sehr kerzenerhellten, sehr bienenwachsduftenden Waldorfkindergarten besuchte, der schon kraft seiner Architektur alle negativen Gedanken auszuschließen schien. Etwas so krankhaft Soziopathisches wie der Wunsch, eine Mauer aus Stahl um sich aufzubauen, schien jenseits der Vorstellungswelt meiner Spielkameraden wie auch der Erzieher zu liegen (zugegeben: Es war auch wirklich schwer zu erraten).

«Du malst ein schönes Seelenbild, stimmt's?»

«Nein!»

«Dann bist du ... ein fleißiger Handwerker? Du bemalst eine Wand mit Farbe!»

«Auch nicht!»

«Tja ... was machst du denn dann?»

«Ich bestreiche eine Mauer mit flüssigem Stahl!»

«Aha. Hm. Aber Florian, das geht doch gar nicht. Stahl ist ja sehr hart. Deshalb kann man ihn nicht ...»

«Man muss ihn eben vorher heiß machen. Wenn er dann auf der Wand ist, wird er wieder kalt und hart, und keiner kann kommen und einen töten.»

Den entsetzten, für eine Waldorf-Kindergärtnerin erstaunlich verachtungsvollen Blick, den meine Erzieherin mir zuwarf, habe ich bis heute nicht vergessen. Ich hatte gehofft, sie durch eine besonders raffinierte, die unterschiedlichen Aggregatzustände von Metall auf differenzierte Weise in Betracht ziehende Pantomime zu beeindrucken – und sie schüttelte nur fassungslos den Kopf! Sicher ahnte sie bereits, dass ich für die weiteren Bemühungen der Waldorfpädagogik verloren war und später an einer Staatsschule enden würde: In einem extrem rechtwinkligen humanistischen Gymnasium, wo man so sinnlose Dinge lernte wie den Schmelzpunkt von Stahl zu errechnen oder das Wort ‹Mauer› in mausetoten Sprachen zu deklinieren *(murus muri muro murum muro)*, und wo man einen Schutzwall aus Stahl tatsächlich ganz gut hätte gebrauchen können.

Nicht dass ich meinen Erziehern, meinen Eltern oder Lehrern die Schuld an meiner Schüchternheit in die Schuhe schieben will: Ich wurde, soweit ich mich erinnern kann, nie explizit zu verhaltenem Verhalten erzogen. Niemand wusch mir je den Mund mit Seife aus, niemand drohte mir bei aufmüpfigem Betragen mit dem Kochlöffel, niemand sagte: «Wenn du nicht sofort still bist, kommst du an die Tafel und schreibst hundertmal: Ich will immer schön schüchtern sein!» Sehr viel einflussreicher als solche Erziehungsmethoden aus der Rumpelkammer der schwarzen Pädagogik dürfte für mich jene Form von sozialem Lernen gewesen sein, die von Psychologen als Imitationsverhalten oder *modeling* bezeichnet wird: Das Kind ahmt dabei, meist unbewusst, das Verhalten wichtiger Rollenvorbilder nach; und man muss kein eingefleischter Anhänger des Diskurstheoretikers Michel Foucault sein, um zu ahnen, dass solche scheinbar freiwillig angenommenen, internalisierten Verhaltensmuster weitaus wirkmächtiger sein können als andere, die einem gewaltsam aufoktroyiert wurden.

Ältere Geschwister habe ich, abgesehen von meinem wenige Minuten älteren Zwillingsbruder, keine, meine Großväter durfte ich nicht mehr kennenlernen – es ist also naheliegend, dass vor allem mein Vater für mich als Vorbild herhalten musste. Ich denke, er wird mit mir einer Meinung sein, wenn ich ihn ebenfalls als schüchtern einstufe (wenn er anderer Meinung sein sollte, wäre er vermutlich zu schüchtern, um zu widersprechen, ich behalte also in jedem Fall recht). Er trägt die Haare in einer Art Afrolook, um den ihn Paul Breitner beneiden dürfte – aber nicht etwa, um dadurch aufzufallen, sondern, so unterstelle ich ihm zumindest, im Gegenteil: *weil er glaubt, dass man ihn darunter nicht sieht*. Auch die Angewohnheit, sich unter zeltplanenförmigen T-Shirts und Pullovern zu verstecken – eine Selbstkaschierungsstrategie, die ich selbst mit Anfang dreißig, in einem gewaltigen Willensakt und durch gutes Zureden meiner Frau, überwunden habe –, behält er noch im siebten Lebensjahrzehnt wacker bei. Natürlich sieht man ihn trotzdem, und man sieht ihm an der Nasenspitze (und den Haaren, und dem XXL-Pullover) an, dass von ihm in Konfrontationssituationen wenig Widerstand zu erwarten ist.

Eine Anekdote, die mein Vater mit der für ältere Semester typischen Regelmäßigkeit zum Besten gibt, berichtet davon, wie er einmal in einem Restaurant einen Heringstopf bestellte – wie in dem Topf, der ihm daraufhin serviert wurde, kein einziger Hering zu finden war – und wie mein Vater schließlich, als er die vollständige Abwesenheit von Heringen im Heringstopf beim Kellner monierte, zur Antwort erhielt: «Da haben Sie Pech gehabt.» Mein Vater erzählt diese Geschichte, neben ihrem überschaubaren Unterhaltungswert, vor allem als Beleg für die unfassbare Schlitzohrigkeit und Kaltschnäuzigkeit der Welt – sie ist aber mindestens genauso ein Beleg für seine unfassbare Schüchternheit, denn natürlich aß er den heringslosen Heringstopf nach dieser Belehrung brav auf, und wahrscheinlich gab er dem Kellner noch ein großzügiges Trinkgeld, schließlich hatte er ihn durch seine Beschwerde unnötig provoziert. Ich pflegte über diese Anekdote immer etwas überheblich den Kopf zu schütteln und meinem Vater Vorwürfe zu machen, dass er sich so über den Restauranttisch ziehen ließ – bis ich eines Abends in einem Schweizer Gasthof Pasteten mit Birne und Ziegenkäse bestellte, und Pasteten ohne Birne und Ziegenkäse bekam. Widerspruchslos aß ich die trockenen Mürbeteighüllen; seitdem habe ich für meinen Vater vollstes Verständnis.

Jetzt konzentrieren sich all meine Hoffnungen auf meine Tochter. Andere Väter wünschen sich vielleicht, dass ihre Tochter später einmal Eisprinzessin wird oder Primaballerina oder Professorin für Teilchenphysik; ich selbst habe keine solch übersteigerten Erwartungen. Ich will nur, dass meine Tochter, wenn sie einmal groß ist... wenn sie einmal in ein Restaurant geht und ein *medium* gebratenes Steak bestellt... und wenn sie dann ein Steak serviert bekommt, das *well done* ist, LAUTSTARK AUF DEN TISCH HAUT, DIE HERBEIHASTENDE BEDIENUNG ZUR SCHNECKE MACHT, DEN GESCHÄFTSFÜHRER KOMMEN LÄSST, DEN KOPF DES OBERKELLNERS UND DIE ENTLASSUNG DES KOCHS FORDERT UND SCHLIESSLICH DAS VERDAMMTE RESTAURANT, NEIN DEN GANZEN VERMALEDEITEN HOTEL- UND GASTSTÄTTENVERBAND AUF SCHMERZENSGELD IN SECHSSTELLIGER HÖHE VERKLAGT, das und nichts anderes erwarte ich von meiner Tochter. Leider bin ich ihr in dieser Hinsicht ein denkbar schlechtes Vorbild.

Dabei gab es durchaus vaterähnliche Figuren in meinem Leben, die deutlich unschüchterner auftraten als mein leiblicher Erzeuger. Doch dienten sie mir, soweit ich das im Rückspiegel der Erinnerung beurteilen kann, nicht als selbstbewusste Rollenvorbilder, sondern schüchterten mich im Gegenteil eher weiter ein – sei es, weil ich auf dem abschüssigen Pfad der Persönlichkeitsentwicklung schon längst die Abzweigung in Richtung Schüchternheit genommen hatte, sei es, weil meine genetische Disposition sowieso keine andere Route zuließ.

Die wohl prägendste unter diesen Vater- oder besser Übervaterfiguren war der Dirigent des christlichen Knabenchors, in dem ich etliche Jahre meiner Kindheit, in zugigen Altarräumen stehend und protestantisches Liedgut krähend, zubringen musste. Wenn ich an ihn denke, fällt mir stets die Figur des grässlichen Alten aus der Edgar Allan Poe-Geschichte «Das verräterische Herz» ein, der sterben muss, weil der Erzähler den Blick seines durchdringenden, blassblauen Geierauges nicht mehr ertragen kann. Dabei könnte ich nicht einmal sagen, ob unser Chorleiter tatsächlich blaue Augen hatte; die Ähnlichkeit zwischen ihm und dem Alten bestand vor allem in der irrationalen Kontrollangst, die er uns, einer Gruppe von vielleicht achtzig vorpubertären Knaben, allein mittels seiner Gegenwart einzuflößen vermochte. Hinter seinem Konzertflügel thronend, den Blick nach Aasvogelart durch den Chorsaal schweifen lassend, quälte er uns dreimal pro Woche durch mehrstündige Marathonproben, in denen wir vorzugsweise vom nahenden Weltende, von Christi Kreuzestod sowie unserer eigenen sündhaften Kreatürlichkeit trällerten – und trotzdem kamen wir, wie der wahnsinnige Erzähler aus der Poeschen Schauergeschichte, immer wieder.

Natürlich wäre niemand von uns je auf den Gedanken verfallen, unseren Chorleiter umzubringen; das wäre allerdings auch vollkommen sinnlos gewesen, denn er verfügte über mehr Augen und Ohren als der KGB. Zum einen gab es da seine Sekretärin und rechte Hand, eine ausnehmend hohlwangige Dame, die einem James Bond-Film aus der Zeit des Kalten Kriegs entsprungen zu sein schien. Als russische Doppelagentin wäre sie eine wahre Idealbesetzung gewesen; im Geiste nenne ich sie daher Agentin Babajaga. Agentin Babajaga wusste stets Bescheid über unsere Schulnoten, sie ermahnte uns, wenn wir einen schmutzigen Hemdkragen hatten, oder wenn es ihrer Meinung nach an der Zeit für uns war, zum Friseur zu gehen («Wir sind schließlich ein *Knaben*chor»); und es hätte mich nicht gewundert, wenn sie irgendwo in ihrem Aktenschrank ein großes, in Schweinsleder gebundenes Buch gehabt hätte, in dem all unsere Sünden und geheimsten Gedanken notiert gewesen wären.

Vor allem aber beäugten und belauschten wir Chorknaben uns alle ständig selbst: Wir erfüllten in geradezu vorbildlicher Weise das von Michel Foucault beschriebene Konzept des Panoptismus, demzufolge der Mensch in der modernen Disziplinargesellschaft die Unterdrückungsverhältnisse soweit verinnerlicht hat, dass er zu seinem eigenen Überwacher, «zum Prinzip seiner eigenen Unterwerfung» geworden ist. Eine solche Selbstkontrolle erfordert eine Spaltung des Ichs in Überwacher und Überwachten; und es ist gerade dieses innere Räuber- und Gendarm-Spiel, welches dem Soziologen Georg Simmel zufolge den Gefühlen der Scham und der Schüchternheit zugrunde liegt: «Das äußere Vehikel bleibt immer die Aufmerksamkeit anderer, die freilich durch eine Spaltung unser selbst in ein beobachtendes und ein beobachtetes Teil-Ich ersetzt werden kann», schreibt er in «Zur Psychologie der Scham»: «Wie wir uns […] beobachten, beurteilen, verurteilen, wie Dritte es tun, so verpflanzt sich auch jene zugespitzte Aufmerksamkeit anderer, an die sich das Schamgefühl knüpft, in uns selbst hinein.»

Eine der plumperen, aber nichtsdestotrotz effektiven Disziplinierungsmaßnahmen, denen wir unterworfen waren, bestand darin, dass wir während der Proben Zeugnis über unsere bedingungslose Liebe zum Chor ablegen mussten. Dies geschah mittels sogenannter ‹geheimer Abstimmungen›, bei denen sich unser Leiter, angeblich um das Wahlgeheimnis zu wahren, die Hände vor die Augen hielt – aber natürlich wussten oder vermuteten wir alle, dass er insgeheim durch seine Finger spähte und uns beobachtete: Es kann also nicht weiter überraschen, dass er bei diesen Abstimmungen eine Bestätigung erfuhr, wie sie sonst nur den Einheitsparteien autoritärer Staaten zuteil wird.

Eine andere, etwas subtilere Methode der Disziplinierung bestand darin, dass wir ununterbrochen mit einem Wust aus chorspezifischen Merksätzen, Sprüchen und Kunstwörtern bombardiert wurden, die bald zu einem selbstverständlichen Teil unseres Wortschatzes wurden und uns zu einer eingeschworenen Sprachgemeinschaft mit eigenen Ausdrücken und Regeln machten. Wenn eine Probe auf drei Uhr nachmittags angesetzt war und man Punkt drei erschien, war die Probe unweigerlich schon in vollem Gange und wurde allenfalls unterbrochen, um dem Zuspätkommenden den öligen Slogan «Zehn Minuten vor der Zeit, ist bei uns hier Pünktlichkeit!» um die Ohren zu hauen. Wenn jemand eine Erkältung zu haben glaubte, wurde ihm unfehlbar der Merkspruch beschieden: «Ein gesunder Mensch wird nicht krank!» Die alljährlichen Freizeiten hießen natürlich ‹Freuzeiten›, weil es für heranwachsende Jungs nichts Schöneres geben kann, als bei Sommerwetter in geschlossenen Räumen geistliche Chormusik zu singen. Das Weihnachtsoratorium von Bach hieß etwas lieblos ‹WO›, während die Matthäuspassion mit dem schmissigen Akronym ‹MP› abgekürzt wurde, was bekanntlich eine gängige Bezeichnung für eine Maschinenpistole ist – ich bin mir nicht sicher, inwieweit unserem Chorleiter dieser Doppelsinn bewusst war, er passte jedenfalls ganz gut, schließlich kamen wir, was den Drill und das arrogante Wirgefühl anging, der Ausbildung in einer militärischen Spezialeinheit so nah, wie das in einem christlichen Chor eben möglich ist. Wir waren die Navy Seals unter den Sängerknaben.

«Jetzt aber mal halblang!», ruft mir da mein Über-Ich zu; und irritierenderweise trägt es unverkennbar die plastinierten Gesichtszüge von Agentin Babajaga. «Weniger sensible Naturen als du haben ihre Jahre im Chor sicher in glänzender Erinnerung! Und: Diese Vergleiche mit totalitären Systemen und militärischen Sondereinheiten gehen ja wohl, wenn ich das so salopp sagen darf, echt gar nicht. Im Vergleich zum Training bei den Navy Seals war deine Sangesausbildung doch ein Spaziergang, ein Streichelzoo, ein Ponyhof, ach, was sag ich: ein Séparée im Schlaraffenland mit Roomservice und sechzehn vestalischen Jungfrauen. Deine Jahre im Chor waren nicht etwa zu hart – du warst zu schwach! Du bist eben einfach eine verdammte Mimose, ein Sensibelchen, ein Weichei, ein Prinz auf der Erbse, ein ...»

«Jaja, schon gut!», rufe ich meinem Über-Ich zu und gebe ihm sofort in allen Punkten recht – frage mich aber insgeheim, ob die Tatsache, dass ich eine solche KGB-Kratzbürste als internalisierte moralische Instanz im Kopf habe, nicht Beweis genug ist, dass die Zeit im christlichen Knabenchor mein Selbstwertgefühl eben doch nachhaltig demoliert hat: ob mein Über-Ich also genau das performativ beweist, was es argumentativ zu widerlegen sucht (ich schreibe das so schnell wie möglich nieder, bevor mein Über-Ich diesen dialektischen Winkelzug verstanden hat).

Fest steht jedenfalls: Einen Großteil seiner Freizeit mit Chorproben zu verbringen, galt in meiner Schulklasse als ungefähr so cool, wie wenn man in seinem Zimmer statt einem Poster von, sagen wir, Nena oder der Spider Murphy Gang ein Porträt von Johann Sebastian Bach aufgehängt hätte – das hatte ich natürlich auch. Darüber hinaus spielte ich ein Musikinstrument, mit dem man, zumindest wenn man ein adoleszenter Knabe ist, nicht gerade die Herzen der stolzesten Mädchen brechen oder gleichaltrige Jungs vor Neid erblassen lassen kann; nämlich die Bratsche, ein bemerkenswert undankbares Tonwerkzeug, das hämische Bemerkungen und Witze anzieht wie die Scheiße die Fliegen.

Äußerlich mag die Bratsche der Geige ähneln, doch stellt sie den exakten Gegenentwurf zu diesem phallogozentrischsten aller Streichinstrumente dar. Die Geige ist eindeutig ein Alphatier – die Bratsche hingegen ist der Inbegriff der Schüchternheit, die Demut mit vier Saiten. Das zeigt sich schon an ihrer Tonlage: Sie ist im Altschlüssel notiert, spielt also weder besonders hoch noch besonders tief. Die Sopranstimmen glänzen in der Stratosphäre, die Bassstimmen bilden den unverzichtbaren Unterleib; die Bratsche treibt sich unauffällig in der Mitte des Frequenzspektrums herum. Bescheiden füllt sie die Lücke zwischen dem profilneurotischen Kreischen der Violinen und dem testosteronschweren Raunen der Celli und Kontrabässe. Trotz ihrer warmen Tonfarbe ist sie daher merkwürdig asexuell, weder weiblich noch männlich. Kein Wunder, dass kaum jemand sie so richtig mag.

Ich muss gestehen, dass ich mich als Heranwachsender meiner Bratsche zutiefst schämte. Wenn ich mit dem Fahrrad zum Musikunterricht fuhr, versteckte ich meinen Bratschenkasten in einer alten Tennistasche, um nicht wegen des unattraktiven Instruments, das ich bei mir führte, von anderen verlacht zu werden. Ich zurrte die Tasche dabei stets besonders nachlässig auf dem Gepäckträger fest, in der heimlichen Hoffnung, die Bratsche möge bei der Fahrt, die über holprige Waldwege und Pflastersteine führte, zufällig Schaden nehmen oder verloren gehen – aber diesen Gefallen tat sie mir nie. Sie war ebenso robust wie anhänglich, und so spiele ich sie noch heute.

Ja, ich habe mich über die Jahrzehnte sogar mit meinem Schicksal abgefunden und beschlossen, dass meine Bratsche und ich recht gut zusammenpassen. Die meisten Musiker nähern sich im Lauf ihres Lebens ja ihrem Instrument an – wie die irischen Dorfpolizisten in dem Roman *The Third Policeman* von Flann O'Brien, die so viel Zeit auf dem Sattel ihrer Fahrräder verbringen, dass sie durch molekularen Austausch allmählich selbst zu Fahrrädern werden und sich, wenn sie stehenbleiben, gegen eine Wand lehnen müssen, damit sie nicht umfallen. Gerade bei älteren Musikern weiß man oft nicht mehr, wo der Mensch aufhört und wo das Instrument anfängt, wer hier eigentlich wen spielt, ob der Posaunist den Zug seines Instruments bedient oder umgekehrt sein Arm von der Posaune im Rhythmus der Musik vor und zurück geschoben wird; und wenn man sieht, wie Keith Richards mit seinen beinahe siebzig Jahren über die Konzertbühnen fegt, fragt man sich manchmal schon, ob der Rolling-Stones-Gitarrist nicht schon lange tot ist und nur dadurch, dass er mitsamt seiner E-Gitarre in die Steckdose gestöpselt wird, wieder zum Leben erwacht.

Worauf ich hinaus will: Meine Bratsche und ich sind über die Jahre eine Symbiose eingegangen; wir haben uns in unserer schüchternen Mittelmäßigkeit behaglich miteinander eingerichtet. Manchmal habe ich geradezu das Gefühl, dass meine Bratsche, wenn ich sie ans Kinn führe, wie eine Art Tarnhelm funktioniert: Gemeinsam sind wir so unauffällig, dass wir unsichtbar werden, einander auslöschen. Nur so ist mir erklärlich, weshalb ich immer wieder von Menschen, die schon mehrmals bei Auftritten meiner Gruppe Fön waren, gefragt werde, ob ich eigentlich die Typen von Fön kenne. Man muss dazu wissen, dass es sich bei Fön nicht etwa um eine Bigband handelt, sondern dass wir gerade einmal zu viert auf der Bühne stehen, und dass ich bei den meisten unserer Stücke ununterbrochen auf der Bratsche herumschabe. Ich vermute daher, dass die Bratsche aufgrund ihres unauffälligen Wesens in der Wahrnehmung mancher Menschen einfach im Bühnenhintergrund verschwindet – und das Wirtstier, das an ihrem Korpus hängt, also der Bratschist, also in diesem Falle ich, gleich mit.

Neben meinen musikalischen Stubenhockeraktivitäten trieb ich in meiner Jugend aber durchaus auch Sport – was, zumindest in der älteren Ratgeberliteratur, immer wieder als probates Mittel zur Bekämpfung der Schüchternheit empfohlen wird; das Buch *Schüchternheit, nervöse Angst= u. Furchtzustände sowie andere seelische Leiden und ihre dauernde Heilung* aus dem Jahr 1907 etwa empfiehlt «methodisch betriebene Atemgymnastik» zur «Stärkung des Kraftgefühls». Unter anderem spielte ich viele Jahre lang Handball, muss aber leider sagen, dass dies nicht unbedingt zu einer Steigerung meines Kraft- oder gar Selbstwertgefühls führte, da ich für diese Sportart schlicht und ergreifend zu wenig durchsetzungsfähig war und daher viel Zeit auf der Ersatzbank verbrachte. Oder, und hier lugt wieder die eingangs gestellte Frage nach Henne und Ei hervor: War ich so wenig durchsetzungsfähig, weil ich so ein niedriges Selbstwertgefühl hatte?

Auf jeden Fall lässt sich im Nachhinein sagen, dass ich für eine so konfrontative und körpereinsatzfreudige Sportart wie Handball einfach nicht der Richtige war. Ich spielte auf der Position des Linksaußen, weil ich mich nur an der Seitenauslinie, über die man jederzeit das Spielfeld hätte verlassen können, einigermaßen sicher fühlte. Darüber hinaus pflegte ich die trügerische Hoffnung, mich auf dieser Position am Feld des Gegners vorbeischleichen, ohne Feindkontakt den gegnerischen Strafraum erreichen und dort ungehindert in den Kreis springen und ein Tor erzielen zu können. Wenn ich mich recht erinnere, gelang mir dies in meiner immerhin sieben Jahre währenden Handballkarriere ungefähr null Mal.

Desillusioniert beschloss ich, die Seite zu wechseln, und meldete mich beim Deutschen Handballbund für einen Schiedsrichterlehrgang an. Diese Idee war so hirnrissig, dass mir noch heute die bloße Erinnerung daran den Atem raubt – genauso gut hätte ich mich als Pausenhofaufsicht an einer Schule für verhaltensauffällige Jugendliche bewerben können. Wer schon einmal ein Handballspiel gesehen hat, weiß, dass man bei dieser Sportart als Schiedsrichter ungefähr alle fünf Sekunden einen Regelverstoß ahnden oder irgendeine andere unangenehme Entscheidung fällen muss; und wer schon mal ein D-Jugend-Kreisligaspiel besucht hat, weiß, dass diese Entscheidungen stets von einem Pfeif- und Schimpfkonzert der anwesenden Eltern, Brüder, Freunde, Trainer und Auswechselspieler begleitet sind. Rein rechnerisch zieht man als Schiedsrichter mit jeder Entscheidung den Unmut von fünfzig Prozent der Anwesenden auf sich.

Nun: Ich glaube, dass es mir bei manchen Spielen sogar gelang, hundert Prozent der Anwesenden auf einmal gegen mich aufzubringen – weil ich nämlich einfach nicht den Mut aufbrachte, auch nur *irgendeine* Entscheidung zu fällen. Untätig stand ich nach Fouls auf dem Spielfeld herum und sah zu, wie sich der gefoulte Spieler mit schmerzverzerrtem Gesicht auf dem Boden wand, unfähig, die Trillerpfeife auch nur zum Mund zu führen... denn sobald ich das tat, musste ich ja pfeifen, und sobald ich pfiff, musste ich eine Entscheidung fällen, und wenn ich eine Entscheidung fällte, würde die Hälfte der Anwesenden mit meiner Entscheidung unzufrieden sein, und das war eine Aussicht, die mich vollkommen blockierte. Ich wollte doch niemanden verletzen! Dass die Spieler gerade aufgrund meiner Angst, jemandem seelisch wehzutun, vermehrt körperlich Schaden nahmen, war ein Widerspruch, den ich billigend in Kauf nahm.

Es ist vermutlich müßig zu erwähnen, dass der Deutsche Handballbund bald beschloss, auf meine segensreiche Tätigkeit als Schiedsrichter zu verzichten. Wahrscheinlich wäre ich bei einer weniger körperkontaktintensiven Sportart wie Schach weitaus besser aufgehoben gewesen. Allerdings nur, wenn das Spiel so rücksichtsvoll gespielt worden wäre wie in Samuel Becketts Roman *Murphy*, wo am Ende der Partie immer noch sämtliche Figuren auf dem Brett stehen, da keiner der Spieler es übers Herz bringt, die Steine seines Gegners zu schlagen.

Auch die jahrelange Beschäftigung mit geistlichem Liedgut, das allmähliche Verholzen und Verwachsen mit meiner Bratsche sowie der regelmäßige Testosteronabbau durch Sport konnten jedoch nicht verhindern, dass ich mich irgendwann für das zu interessieren begann, was Schopenhauer launig als «Knalleffekt» der Natur bezeichnete. Allerdings blieb dieses Interesse lange Zeit nur theoretisch: So muss ich etwa drei Jahre, von der siebten bis zur neunten Stufe, in ein Mädchen aus meiner Klasse verliebt gewesen sein, ohne jemals auch nur annähernd in die Gefahrenzone des Gedankens geraten zu sein, ihr gegenüber irgendwelche in diese Richtung gehenden Andeutungen zu machen. Jemandem seine Liebe zu erklären erschien mir so abwegig und abenteuerlich wie, sagen wir, jemandem den Krieg zu erklären oder seinem Physiklehrer die Heisenbergsche Unschärferelation. Das offensivste Zeichen meiner Zuneigung war, dass ich für meinen Füller ausschließlich Tintenpatronen kaufte, welche die Farbe *ihrer* Lieblingsjacke hatten. Aber es hätte schon des Schlussfolgerungsvermögens eines Sherlock Holmes bedurft, um daraus so etwas wie eine Liebeserklärung abzuleiten, zumal ich mit meiner türkisfarbigen Tinte keine Liebesgedichte oder feurigen Billetsdoux schrieb, sondern nur lateinische Stammformreihen (welche Schlussfolgerungen ein Sigmund Freud aus dem Motivkomplex Tinte–Feder–Füller gezogen hätte, war mir zum Glück damals noch nicht bewusst, sonst hätte ich vermutlich vor Scham all meine Vokabelhefte verbrannt).

Ich glaube, ich hielt diesen Umgang mit Gefühlen für den einzig richtigen, ja möglichen – bis ich eines schicksalhaften Abends auf der Party eines Schulfreundes auf denkbar grausamste Weise den Spiegel vorgehalten bekam: Wir saßen in einem Kellerraum, tranken klebrigen, türkisfarbigen Likör (es waren die Achtziger, damals war in Westdeutschland so ziemlich alles türkis), und irgendwann, als die Flasche leer war, kam es, wie es kommen musste: Irgendjemand schlug vor, sich im Kreis auf den Boden zu setzen, die Flasche in die Mitte zu legen, sie wie einen Kreisel in Bewegung zu setzen und denjenigen, auf den zu guter Letzt ihr Hals wies, zu einer peinlichen Antwort oder Handlung zu verdonnern – mithin jenes schreckliche Gesellschaftsspiel zu spielen, das bei uns unter dem Namen ‹Wahrheit oder Pflicht› firmierte.

Worin die ‹Pflicht› bestand, war in der Regel klar: Man musste irgendjemanden küssen. Welche ‹Wahrheit› gebeichtet werden musste, war hingegen von Mal zu Mal verschieden und hing maßgeblich vom Fragesteller sowie von dem oder der Befragten ab. Als die Flaschenöffnung zum ersten Mal auf mich wies, versuchte ich noch Lockerheit vorzutäuschen und votierte tapfer auf Pflicht, scheiterte an der Ausführung aber kläglich: Statt eines Kusses auf den Mund versuchte ich, der mir zugewiesenen Klassenkameradin einen Handkuss zu geben, war dann aber nicht einmal hierzu in der Lage, drehte in letzter Sekunde ihren Handrücken nach unten und küsste meine eigene Hand, in dem irrigen Glauben, das würde keiner außer uns merken. Als die Flaschenöffnung mir ein zweites Mal entgegenstarrte, entschied ich mich daher wohlweislich für die Kategorie Wahrheit und wurde, nach allerhand getuschelten Beratungen, mit einer Frage konfrontiert, die unangenehmer war als alle Küsse, zu denen man mich hätte zwingen können: «Warum bist du so verklemmt?»

Blicke. Schweigen. Am liebsten wäre ich wie ein Flaschengeist im Innern der leeren Likörbuddel verschwunden. Denn zum einen war ich noch nie in dieser Offenheit mit meiner Schüchternheit konfrontiert worden; ich glaube sogar, dass ich bis zu diesem Moment nicht einmal auf die Idee gekommen war, dass ich auffallend verklemmt oder schüchtern sein könnte. Und zum anderen hatte ich keine Ahnung, wie ich diese fundamentale Frage nach den Gründen für meine Charakterentwicklung beantworten sollte; selbst jetzt, ein Vierteljahrhundert später, tue ich mich mit dem Versuch einer Erklärung ja schwer. Ist es überhaupt möglich, sich oder anderen Rechenschaft darüber abzulegen, warum man so ist, wie man ist? Oder allgemeiner gefragt: Kann ein System sich selbst betrachten? Verfälscht eine solche Überlappung von Beobachtendem und Beobachtetem nicht notwendigerweise das Ergebnis? Kommt es nicht unweigerlich zu kognitiven Rückkopplungen, zu Feedbackeffekten, zu einem weißen Rauschen – bis man im Spiegel der Selbsterforschung nicht mehr sein Ebenbild sieht, sondern nur noch, in den Worten von David Foster Wallace, «ein sengendes und amorphes Licht»?

In exakt diesen Worten stellte ich mir diese Fragen damals, vierzehn Jahre alt und beschwipst von billigem Pomeranzenlikör, natürlich nicht – aber ich war doch von dem dumpfen

Gefühl erfüllt, dass mir hier eine Wahrheit abverlangt wurde, die ich beim besten Willen nicht liefern konnte. Wie sollte ich, der ich doch angeblich verklemmt war, öffentlich erklären, *warum* ich so verklemmt war – also eben das tun, was mir aufgrund meiner Verklemmtheit unmöglich war? Selbst ein Kuss, meinetwegen auf den Mund, meinetwegen mit Zunge und Zahnspange, meinetwegen mit dem hässlichsten Mädchen der Klasse, erschien mir in diesem Moment vergleichsweise einfach.

Zugleich war ich paradoxerweise von einer großen Erleichterung erfüllt: Immerhin war nun klipp und klar ausgesprochen, was mich von der Mehrheit meiner Klassenkameraden unterschied. Immerhin gab es nun einen Namen, ein Label, eine soziale Rolle, die ich ausfüllen konnte. Mir war, als wäre ich vorher in einem begriffslosen Urmeer aus Charaktereigenschaften geschwommen und erst jetzt, durch diesen Akt der Benennung, an Land und ins Leben erhoben worden. Ich war verklemmt, gehemmt oder wie auch immer man es nennen mochte: Ich war schüchtern. Und während ich noch verlegen herumkicherte, stotterte und versuchte, diesen Wust an Gedanken in Worte zu fassen, drückte mir jemand die leere Flasche in die Hand, ich nahm sie dankbar, setzte sie in Bewegung, die Frage blieb unbeantwortet, das Spiel ging weiter.

Etwa ein Jahr später, mit fünfzehn oder sechzehn, war meine Ausbildung zum Schüchternen abgeschlossen. Ich begann, meinen Körper unter sackartigen Kleidungsstücken zu verbergen, damit er mich nicht mit der Geschwätzigkeit seiner Gesten verraten konnte («Beraubt man den Körper seiner natürlichen Form», schreibt Richard Sennett, «so kann er nicht mehr sprechen; wenn man alle Spuren der Natur verwischt, macht man sich gegenüber den Blicken der anderen relativ unverletzlich»). Ich hörte Musik von Menschen, die ebenfalls schüchtern zu sein schienen oder Schüchternheit zumindest zu einem wesentlichen Bestandteil ihres Rollenrepertoires gemacht hatten: Bands wie The Cure, deren Mitglieder sich hinter Kutten, Lippenstift und Haargebirgen verbargen, oder The Smiths, deren Sänger Morrissey sich mit Zeilen wie «Shyness is nice, and / Shyness can stop you / From doing all the things in life / You'd like to» in die pochenden Herzen aller Sozialängstlichen schrieb. Ich lernte, Bumerangs zu bauen, zu werfen und gelegentlich auch zu fangen, und musste mich beim Sport fortan nicht mehr mit Gegnern, Mitspielern oder pfeifenden Zuschauern auseinandersetzen. Ich erkannte, dass ich selbst mein bester Gegner war und damit Gesellschaft genug.

Dennoch war ich nicht allein. Unter anderem hatte ich einen Schulkameraden, eine Art ‹besten Freund›, den mir das Schicksal oder der Zufall oder vielleicht auch einfach nur unser Klassenlehrer zu Beginn der Gymnasialzeit als Tischnachbar zugewiesen hatte und dem ich im Lauf der folgenden neun Jahre nur selten von der Seite wich. Am Anfang eines jeden Schuljahrs fanden wir uns unfehlbar am selben Tisch wieder ein, wie zwei Störche, die aus Afrika zurückkommen und ohne nachzudenken Jahr für Jahr dasselbe Nest ansteuern. In der Oberstufe, als man sich für zwei Wahlpflichtfächer entscheiden musste, wählten wir sogar dieselben Leistungskurse, obwohl unsere jeweiligen ‹Leistungen› in mindestens einem der Kurse eher bescheiden waren. Ich glaube, wir hatten zu diesem Zeitpunkt ein Stadium der Schulfreundschaftssymbiose erreicht, in dem es beinahe undenkbar war, die Bank mit einem anderen Nebensitzer zu teilen.

Dabei waren wir ein ziemlich ungleiches Paar: Er trug stets flamboyante Kleidung in asymmetrischen Schnitten – ich trug die alten Polohemden meines Bruders auf und dazu karierte Jeans (ja, es gab in den Achtzigerjahren tatsächlich karierte Jeans). Er hatte die Haare zu halbmeterhohen Krähennestern aufgetürmt – ich hatte einen Pagenkopf, den meine Mutter mir eigenhändig mit der Küchenschere zurechtstutzte und der wegen seiner Ähnlichkeit mit dem Haarschnitt einer amerikanischen Comic-Figur als ‹Prinz-Eisenherz-Frisur› bezeichnet wurde. Mein Sitznachbar wurde wegen seines Äußeren zwar auch belächelt, schien dabei aber, anders als ich, stets selbstbewusst in sich zu ruhen.

Inzwischen glaube ich, dass unsere Freundschaft, ganz kaltherzig-funktional betrachtet, sich gerade der Tatsache verdankte, dass wir so unterschiedlich waren. Dem Psychologen Ray Crozier zufolge suchen schüchterne Kinder intuitiv «die Nähe des Anführers», um nicht selbst im Mittelpunkt des Interesses stehen zu müssen. Ähnliches gilt, so wage ich zu behaupten, auch für schüchterne Jugendliche und Erwachsene: Da sie nicht gesehen werden wollen, begeben sie sich, bewusst oder unbewusst, in die Nähe einer dominanteren Person, die alle in der Gegend herumschwirrenden Aufmerksamkeitspartikel auf sich zieht und dadurch neutralisiert. Sie werden zum Nebenstern, der durch seine Nachbarschaft zu einer helleren Sonne verblasst. Indem ich mich Jahr für Jahr neben einen auffälligen Mitschüler setzte, wollte ich vermutlich vor allem nicht selbst auffallen. Mein Nebenmann sollte im Licht sein, während ich in seinem Schatten verschwand.

Als ich die zehnte Klasse erreicht hatte, beschloss ich, diese Schattenexistenz zumindest vorübergehend hinter mir zu lassen. Ich tat also, was schon Generationen von Europäern vor mir getan hatten, wenn sie ihres festgefahrenen Da- und Soseins in der Alten Welt überdrüssig waren: Ich ging in die USA. (Gerade habe ich eine alte Kladde wiedergefunden, in der ich meine Ziele für das Auslandsjahr notiert habe: «I want to get more independent and more self-confident», steht da in meiner bauchigen Teenagerschrift und schlechtem Englisch an erster Stelle.)

Das Jahr, das ich als Austauschschüler an der amerikanischen Westküste zubringen durfte, kommt in meiner Vorstellung jenem Zustand am nächsten, den man mit Robert Musil als «Urlaub vom Leben» bezeichnen könnte. Mit einem Mal war alles anders. Auf einen Schlag war die Tafel mit Rollenzuschreibungen, die mich verbindlich als Schüchternen definierten, wie abgewischt. Ich war eine Tabula rasa, ein unbeschriebenes Blatt. Folgt man dem Soziologen Erving Goffman, so lässt sich unser Alltag, unsere gesamte soziale Interaktion als eine Theateraufführung begreifen, und unser ‹Selbst› – beziehungsweise das, was von der Gesellschaft als Selbst wahrgenommen wird – als das Ergebnis einer mehr oder minder erfolgreich verkörperten Rolle. «Eine richtig inszenierte und gespielte Szene veranlaßt das Publikum, der dargestellten Rolle ein Selbst zuzuschreiben, aber dieses zugeschriebene Selbst ist ein Produkt einer erfolgreichen Szene, und nicht ihre Ursache», schreibt Goffman in *Wir alle spielen Theater*. «Das Selbst als dargestellte Rolle ist also kein organisches Ding, das einen spezifischen Ort hat [...]; es ist eine dramatische Wirkung, [...] und der springende Punkt [...] ist, ob es glaubwürdig oder unglaubwürdig ist.» Wenn Goffman recht hatte, konnte ich die Maske der Scham also einfach im Flugzeug ablegen und mein Selbst nach Belieben umgestalten. Schließlich gab es in den USA weit und breit kein Publikum, das mich in der Rolle des Schüchternen kannte. Von allen gesellschaftlichen Rollenerwartungen frei, konnte ich mich von Grund auf neu erfinden!

Zunächst lief alles nach Plan. Ich kaufte mir ein Skateboard und T-Shirts, auf denen Sprüche standen wie *Life's a Beach* oder *Free Your Mind and Your Ass Will Follow*. Ich rieb mir Zuckerwasser in die Haare, bis sie abstanden wie der Strahlenkranz von der Stirn der Freiheitsstatue, und bohrte mir ein halbes Dutzend Löcher durch die Ohren. Ich besorgte mir eine Ratte und benannte sie nach einer Klassenkameradin. Ich bemühte mich nach Leibeskräften, mein altes, schüchternes Selbst durch den gezielten Einsatz von hartem Alkohol und weichen Drogen von meiner charakterlichen Festplatte zu entfernen, um dadurch Platz für ein neues, selbstbewussteres Ich zu schaffen.

Ich muss gestehen: Dies gelang mir nur teilweise. Zwar empfand ich es als überaus lustvoll und befreiend, einmal ein anderes «Selbst-als-Rolle» (Goffman) spielen und dafür ein neues Kostüm anlegen zu dürfen. Es half natürlich ungemein, dafür eine neue Bühne als Auftrittsort zu haben sowie ein unvoreingenommenes Publikum, das von meiner bisherigen, so wenig selbstbewussten Schauspielkarriere nichts wusste. Aber mir wurde zunehmend klar, dass ich zwar durchaus jederzeit in ein anderes Kostüm schlüpfen konnte, dass darunter aber leider Gottes immer derselbe, in seinen Ausdrucksmöglichkeiten eher beschränkte Schauspieler steckte. Beim Kiffen aus der Wasserpfeife musste ich immer husten, und wenn ich andere psychoaktive Substanzen nahm, bekam ich es meist mit der Angst zu tun, musste an den Tod des Sokrates denken und begann, die Sterbeszene aus Platons *Phaidon* im Original zu zitieren («Ō Kríton, éphe, tō Asklēpiō opheílomen alektryóna»), was meine Co-Drogisten zwar irgendwie beeindruckte, aber doch den Eindruck vermittelte, dass ich, selbst wenn ich high war, nicht so richtig loslassen konnte. Der Abstand zwischen dem, was man altmodisch-essentialistisch als mein ‹wahres Wesen› bezeichnen könnte, und dem Selbst, das ich äußerlich zu sein vorgab, blieb also weiterhin bestehen: Zwischen mir und meinem Kostüm klaffte eine unüberbrückbare Lücke – und nicht nur, weil ich Klamotten in Übergröße trug und Turnschuhe mit offenen Schnürsenkeln. Vielleicht war das Spektrum der Charaktere, die ich im Alltag glaubhaft verkörpern konnte, doch auf wenige Figuren begrenzt.

Den wohl traurigsten Beweis meiner ungebrochenen Gehemmtheit brachte eine Fahrt an den im Kaskadengebirge von Oregon gelegenen Olallie Lake, wo ich eine sommerliche Woche mit meiner Gastfamilie verbrachte. Es waren noch einige weitere Menschen dabei, an die ich mich nicht mehr erinnere – außerdem eine junge Frau, an die ich mich umso deutlicher erinnere, obwohl ich sie seit einem Vierteljahrhundert nicht gesehen habe. Wir wohnten in einer Ansammlung von Holzhütten, die Anfang des vorigen Jahrhunderts am Westufer des Sees zwischen mächtigen Douglasien und Hemlocktannen errichtet worden waren. Die Häuser waren winzig, spartanisch eingerichtet und ohne fließendes Wasser, und wie der Zufall es wollte, hatte ich eine Hütte für mich allein. Der Vollständigkeit sowie des pornographischen Flairs halber sei erwähnt, dass sie auch über kein elektrisches Licht verfügte und sich die Tür von innen nicht verriegeln ließ.

Michelle, so hieß die junge Frau, war zwei Jahre älter als ich, strohblond wie der Mittlere Westen, und entsprach auch sonst dem Idealbild, das ich mir im Lauf meiner humanistischen Erziehung von einem amerikanischen College-Girl gemacht hatte. Wenn sie auf dem Bootssteg am Ufer des Sees lag und sich sonnte – was College-Girls, wie ich wusste, andauernd tun, um ihrem Körper diese unvergleichliche Bräune zu verleihen –, dann wiederholte ihr Körper die von Gletschern modellierten Formen des Kaskadengebirges, und in ihrem Gesicht leuchtete das Blau des Sees. Ich lag, so oft sich die Gelegenheit bot, in gebührendem Abstand daneben, zupfte an meinem *Life's a Beach*-T-Shirt herum und brachte Michelle deutsche Schimpfwörter sowie die Zahlen von Eins bis Zehn bei.

Und dann, nach Tagen des ebenso unbeholfenen wie unschuldigen Umeinanderherumscharwenzelns, passierte das Unfassbare. Es war meine letzte Nacht am Olallie Lake. Ich war nach einem langen Tag, an dem Michelle und ich zu Fuß den See umrundet und danach auf dem Bootssteg Schimpfwörter gepaukt hatten, zu Bett gegangen, lag nun wach, betrachtete die Nachbilder auf meiner Netzhaut und lauschte dem Gesang der Insekten. Da, mit einem Mal, hörte ich noch ein anderes Geräusch: ein Knistern, behutsame Schritte auf Douglasiennadeln, sie kamen langsam näher. Dann, ganz leise: ein Pochen an meiner Tür. Und wenige Sekundenbruchteile später, sehr, sehr laut: das Pochen meines Herzens! War es möglich, dass... Tatsächlich, als die Tür sich öffnete, stand niemand Geringeres als mein College-Girl-Idealbild im Rahmen. Es schien direkt aus der Platonischen Welt der Ideen herabgestiegen zu sein, um mich in seiner flüchtigen irdischen Verkörperung zu besuchen. Nur was es mitten in der Nacht in meiner Hütte zu suchen hatte, war mir durchaus rätselhaft. Es könne einfach nicht schlafen, sagte es. Ob es ein wenig dableiben und sich zu mir ins Bett legen dürfe? Na gut. Natürlich. Da lagen wir nun.

Olallie, das Wort, nach dem der angrenzende See und der nächstliegende Berg benannt sind, heißt in der Sprache der Chinook-Indianer ‹Beere›. Ich hätte die Gelegenheit, die sich mir so offensiv wie verführerisch bot, um im Bilde zu bleiben, einfach nur pflücken müssen. Carpe diem! *Seize the day!* Stand das nicht sogar auf einem dieser T-Shirts, die ich gekauft hatte? Aber nein, ich tat nichts dergleichen. Ich gab Michelle einen Teil meiner Decke ab, drehte mich auf die ihr abgewandte Seite, legte die Hände brav auf die Bettdecke und dachte an die Lehren der Stoa.

Die Stoiker, so wusste ich aus dem Lateinunterricht, pflegten sich nackt auszuziehen, sich mit einer schönen und ebenfalls unbekleideten Kurtisane ins Bett zu legen... und dann die ganze Nacht *nichts* zu tun – einfach nur, um ihre Leidenschaften zu bezähmen. Mich hatten diese Berichte immer tief beeindruckt, auch wenn die Herausforderung, die diese Situation für die Betroffenen darstellen mochte, mir durchaus fremd war. Doch nun, da ich in derselben Situation war wie einst die antiken Anhänger der Stoa (na ja, fast: Ich trug Boxershorts), musste ich feststellen, dass die Enthaltsamkeit, in der sie sich geübt hatten, gar nicht so schwer war. Im Gegenteil: Wie gern hätte ich meiner Leidenschaft nachgegeben und mich auf die Frau gestürzt, die wenige Zentimeter neben mir lag und nach Erdnussbutter duftete. Doch etwas hielt mich davon ab.

Zum einen war ich unsicher, ob Michelle mir nicht doch die Wahrheit gesagt hatte: ob sie also tatsächlich nicht einschlafen konnte und verständlicherweise empört wäre, wenn ich sie durch unbedachte Handlungen davon abhielte. Zum anderen waren wir nicht allein. Irgendwo im Dunkel des Zimmers, mal auf meiner Brust wie ein Nachtalb, dann wieder auf der hölzernen Eckbank am Ofen, saß Agentin Babajaga. Sie gab keinen Laut von sich, sie beobachtete mich nur. Manchmal schüttelte sie wortlos den Kopf, aber ob sie das tat, weil sie meine Lage moralisch missbilligte, oder weil sie meine Unfähigkeit, mit der Lage umzugehen, unverständlich fand, konnte ich nicht erkennen. Geschätzte drei, gefühlte dreißig Stunden verbrachten wir so, Michelle, Babajaga und ich. Als es anfing zu dämmern, hörte ich erleichtert, dass Michelle ihre Seite der Decke zurückschlug, aufstand und leise die Hütte verließ.

Natürlich sah ich sie nie wieder. Ein paar Monate später flog ich zurück nach Deutschland, verschenkte die Ratte, wusch mir die Zuckerkruste aus den Haaren, entfernte nach und nach meine Ohrringe, trug wieder Polohemden mit Stehkragen, und binnen weniger Wochen war ich wieder ganz der Alte. Mit meinem gewohnten sozialen Umfeld kehrte ich in meine gewohnte soziale Rolle zurück. Ich trat der Schultheatergruppe bei, und im darauffolgenden Winter übernahm ich den Part des verklemmten Engländers Mr. Martin in Eugène Ionescos absurdistischem Drama *Die kahle Sängerin*. Der Schlüsselsatz, den ich in dieser Rolle mit monotoner Stimme meiner Frau, Mrs. Martin, verkünden musste, könnte wie ein Motto über der Nacht mit Michelle wie auch über meinem ganzen Amerika-Aufenthalt stehen: «Vergessen wir alles, Darling, was zwischen uns nicht geschehen ist, […] und leben wir wie zuvor.»

Angesichts dieser Bekenntnisse mag es nicht bloß wie ein Wunder erscheinen, dass ich geboren wurde, sondern wie ein noch viel größeres Wunder, dass ich jemals selbst Vater geworden bin: Schließlich setzt dies, zumindest bei herkömmlichen Methoden der Nachwuchsproduktion, die Existenz einer Frau voraus, die bereit ist, als Mutter zu fungieren; und bevor es soweit kommt, sind meist doch ausführlichere Gespräche und ein intimeres Kennenlernen notwendig, als mir dies am Olallie Lake beschieden war. Zum Glück ist meine Frau nicht annähernd so schüchtern wie ich.

Wir lernten uns am Bahnhof von Hamm in Westfalen kennen, was, wenn man für solch platte Symbolik empfänglich ist, hochemblematisch ist, schließlich werden hier so viele Teilzüge miteinander verkuppelt wie vermutlich auf keinem anderen Bahnhof der Welt (die ICEs aus Düsseldorf und Köln treffen hier aufeinander und fahren nach kurzem Aufenthalt gemeinsam weiter nach Berlin). Wenn wir brav das althergebrachte Drehbuch für patriarchales Balzverhalten befolgt hätten, demzufolge der Mann bei der Partnerschaftsanbahnung die Initiative ergreifen muss, stünde ich vermutlich heute noch dort und suchte nach den richtigen Worten. Vielleicht wäre ich ein stadtbekannter Sonderling geworden, das Faktotum vom Bahnsteig zehn, der wunderliche Alte, der seit Jahren mit gesenktem Kopf am Gleiskörper steht, immer wieder den Kopf hebt und den Mund öffnet, als wollte er etwas sagen, sich dann aber weiter in unergründliches Schweigen hüllt. Vielleicht würde ich vom Bahnpersonal geduldet, da ich mich ja immer zurückhaltend und still verhielte; womöglich würde ich dem Bahnhof sogar zusätzliche Besucher bescheren, die ausschließlich kämen, um meine tragische Gestalt zu bestaunen; vielleicht erlangte ich internationale Bekanntheit als Opfer meiner Schüchternheit, stünde als kuriose Randnotiz auf der Vermischtes-Seite ein paar überregionaler Zeitungen und bekäme einen kleinen Kasten im *Lonely Planet* («If you change trains at Hamm, Westfalia, don't miss the crazy guy from platform ten») – aber meine zukünftige Frau hätte ich sicher nicht kennengelernt.

Glücklicherweise ergriff *sie* die Initiative und sprach mich mit den schönen Worten «Sag mal, fährst du auch nach Schwerte?» an; was, nebenbei bemerkt, beweist, dass sich die Geschlechterverhältnisse zwar geändert haben mögen, das Arsenal möglicher Anquatschsprüche aber auch im postfeministischen Zeitalter weitgehend dasselbe geblieben ist. Als der Regionalexpress schließlich eintraf – wir fuhren tatsächlich beide nach Schwerte –, setzte meine Zukünftige sich ungefragt auf den Platz mir gegenüber, erzählte von ihrer Doktorarbeit (über

Pornographie, ausgerechnet... ich merkte, wie ich vor Scham in der Sitzbank versank) und ignorierte geflissentlich, dass ich den hochroten Kopf hinter einem Buch versteckte und so tat, als würde ich lesen. Bei unserem ersten gemeinsamen Waldspaziergang einige Monate später ließ sie sich nicht davon abschrecken, dass ich unentwegt auf den Boden starrte und jeder Nacktschnecke am Wegesrand mehr Beachtung schenkte als ihr («Oh, sieh mal, eine *Arion vulgaris!*»). Noch Jahre später, bei unserer Trauung, wartete sie geduldig, bis ich nach langer, peinlicher Stille endlich das Jawort hervorstammelte.

Dass wir unsere beiden Teilzüge aufs selbe Gleis setzten, ja sie nach eingehenden Stresstests sogar durch das Band der Ehe miteinander verkoppelten, war also vor allem der Beharrlichkeit und Geduld meiner Frau geschuldet. Ich darf aber auch die segensreiche Rolle nicht verschweigen, die ein alter Freund von mir bei unserem Zusammenkommen spielte: nämlich der Alkohol. Bisweilen sieht man ja Menschen, meist Männer mit schwiemeligen Gesichtszügen und Schwartenbauch, die auf ihrem T-Shirt stolz den Slogan *Alcohol – helping ugly people have sex* zur Schau tragen. Das ist natürlich Unsinn, denn Hässliche haben in der Regel durchaus nicht mehr Probleme, einen Geschlechtspartner zu finden, als ihre vermeintlich attraktiveren Artgenossen. Schüchterne haben es hingegen ungleich schwerer, da schöne wie unschöne Menschen sie gleichermaßen in Schrecken versetzen. Der Slogan sollte daher besser *Alcohol – helping shy people have sex* lauten: Wenn schüchterne Menschen in Gesellschaft sind, enthemmen sie sich gern durch Getränke. Nüchtern ist schüchtern. Tatsächlich, dies ist die weniger berauschende Seite der Geschichte, sind einer amerikanischen Studie zufolge fast zwanzig Prozent aller Menschen, die unter Sozialangst leiden, alkoholkrank.

Meine Erinnerungen an die ersten Zusammenkünfte mit meiner Frau sind jedenfalls eher schemenhaft, da ich mich aus Unsicherheit immer wieder in das neblige Reich von König Alkohol verfügte. Auch als ich meiner Frau den Heiratsantrag machte, war ich ziemlich beknillert, sonst hätte ich die für solche Gelegenheiten vorgesehene Frage wohl kaum über die Lippen gebracht. Nun gut, wir wohnten damals schon seit drei Jahren zusammen, wir hatten eine gemeinsame Tochter, wir befanden uns an einem Strand, es war Nacht, die Himmelskörper standen, soweit ich das beurteilen konnte, günstig (Venus im Aszendenten, Mond voll), und ich hatte die Frage bereits im Konjunktiv, im Futur sowie im Futur II Konjunktiv durchgespielt («Was würdest du sagen, wenn ich dich fragte, ob du mich heiraten wolltest? Was wirst du sagen, wenn ich dich fragen werde, ob du mich heiraten wirst? Was würdest du gesagt haben, wenn ich dich gefragt hätte, ob du mich geheiratet haben wolltest?») – die Gefahr, eine ablehnende Antwort zu erhalten, war also relativ gering. Trotzdem: Ohne gewissenhafte Vorbereitung durch Bier und Lambig (bretonischer Apfeltresterbrand, vor Heiratsanträgen und nach schwerem Essen sehr zu empfehlen) hätte ich das nie geschafft.

Als wir schließlich den Bund der Ehe eingingen, war ich selbst für Akademikerverhältnisse ziemlich alt – stolze siebenunddreißig Jahre. Auch damit bestätige ich allerdings nur die Statistik: Das durchschnittliche Heiratsalter für Männer liegt in Deutschland derzeit bei dreiunddreißig Jahren, Schüchterne hingegen, das legen Langzeitstudien aus den USA und Schweden nahe, heiraten im Durchschnitt etwa drei Jahre später. Überhaupt brauchen Schüchterne für alles etwas länger: Sie bekommen später ihr erstes Kind (ebenfalls etwa drei Jahre), sie fassen später im Berufsleben Fuß, und sie lassen, wenn überhaupt, erst in vergleichsweise hohem Alter die Nachwehen der Pubertät hinter sich. Böse Zungen würden angesichts meiner späten Vaterschaft und Eheschließung vermutlich sagen: Das war aber auch höchste Zeit! Ich hingegen würde, mit Blick auf meine Frau und Tochter sowie mit nicht gekanntem Selbstbewusstsein, sagen: Gut Ding will eben Weile haben. Das Zaudern hat sich gelohnt.

Nennt mich Kehinde Als ich einer nigerianischen Bekannten in einem Anfall von Bekenntnisseligkeit einmal vorklagte, wie schwer und ungerecht es doch sei, ein zweiter Zwilling zu sein, tröstete sie mich mit einem Mythos aus ihrer Heimat. Wenn ich in Nigeria geboren wäre, erklärte sie mir, würde ich als der Ältere gelten, mein Zwillingsbruder hingegen als der Jüngere. Die nigerianischen Yoruba glauben nämlich, dass der erstgeborene Zwilling von seinem großen Bruder bei der Geburt vorausgeschickt wird, um erst einmal die Lage außerhalb des Mutterleibs zu erkunden. Er ist sozusagen der Vorkoster und wird daher traditionellerweise Taiyewo genannt, zu Deutsch: ‹der erste, der die Welt schmeckt›. Der Zwilling, der als zweiter geboren wird, erhält den Namen Kehinde, ‹der als Letzter kommt›, und gilt als der Ältere und Schlauere von beiden – schließlich setzt er sich, im Gegensatz zu seinem draufgängerischen Bruder, nicht überstürzt der Gefahr des Geborenwerdens aus.

Es ist wohl kaum nötig zu erwähnen, dass mich diese Umkehrung der herkömmlichen europäischen Geschwister-Hierarchie auf Anhieb überzeugte. Vor allem faszinierte mich der Gedanke, dass es sich bei der schüchternen Zurückhaltung, wie ich sie bei meiner Geburt an den Tag gelegt hatte, nicht um ein Anzeichen von Schwäche, sondern um eine durchaus wünschenswerte Eigenschaft handeln könnte. War es nicht ein unglaublich kluger Schachzug gewesen, meinem Bruder den Vortritt zu lassen? Wie hatte er denn wissen können, was ihn auf der anderen Seite dieser orangerot schimmernden Pforte erwartete? Wenn ich anhand seiner Schreie gemerkt hätte, dass es dort draußen nicht mit rechten Dingen zuging, hätte ich mich noch einmal umentscheiden können: Ich hätte mich einfach mit aller Kraft an der Gebärmutterinnenwand festgekrallt und ... nun, zugegeben: Meine Möglichkeiten waren eher bescheiden.

In der Geschichte der Menschheit scheint ein vorsichtig-zurückhaltendes Gebaren, wie es Kehinde an den Tag legt, jedenfalls durchaus einen evolutionsbiologischen Mehrwert mit sich gebracht zu haben; wenn es sich allzu negativ auf den Fortbestand der Art ausgewirkt hätte, wäre es vermutlich schon längst aus dem Katalog der menschlichen Charaktereigenschaften verschwunden. Die Angst vor Neuem, schreibt die Psychologin Anke Lengning, «bietet einen Selektionsvorteil, da hierdurch verhindert wird, dass sich Lebewesen ungehemmt neuen Sachverhalten zuwenden und sich damit potentiell in Gefahrensituationen begeben.» Mit anderen Worten: Während der Nicht-Schüchterne in grauer Vorzeit übereilt aus seiner warmen, sicheren Höhle stürmte und schnurstracks im Magen des Säbelzahntigers landete, wartete der Schüchterne erst einmal ab, bis sich der Säbelzahntiger an dem Draufgänger satt gefressen hatte, und erledigte die Bestie dann während ihres Verdauungsschlafs. (Auch heute noch könnte ein schüchternes Verhalten, wie der Journalist Bryan Walsh anmerkt, manchmal davor bewahren, Menschenleben aufs Spiel zu setzen: Das US-amerikanische Militärdebakel im Irak etwa verdankte sich Walsh zufolge nicht zuletzt der Extrovertiertheit des texanischen Draufgängerpräsidenten George W. Bush).

Darüber hinaus stellten Gefühle wie Scham und Schüchternheit vermutlich nicht nur im Kampf gegen die Natur, sondern auch im vor- und frühmenschlichen Miteinander eine Überlebensstrategie dar. Möglicherweise, so der Psychologe Rowland S. Miller, entwickelten sich soziale Ängste aus der verständlichen Furcht heraus, von den Stammesgenossen verstoßen und so dem eigenen, als Einzelgänger in einer gefahrvollen Umwelt eher düsteren Schicksal überlassen zu werden. Scham und Schüchternheit wären demnach im wahrsten Sinne des Wortes ‹ur-menschliche› psychische Warnmechanismen, die den Menschen vor asozialem Verhalten und dem daraus resultierenden Verlust der ihn schützenden Gemeinschaft bewahrten.

Sogar Menschenaffen können ein Verhalten an den Tag legen, das an Schüchternheit gemahnt: Das Gorillaweibchen Koko, das an der Universität Stanford in Gebärdensprache unterrichtet wurde und in mehr als tausend verschiedenen Gesten kommunizieren kann, zeigte sich angeblich peinlich berührt, als es im Alter von fünf Jahren einmal mit seinen Puppen spielte und in Zeichensprache vor sich hin plapperte und dann bemerkte, dass es dabei beobachtet wurde: Koko hörte sofort auf zu spielen und drehte sich weg. Wir dürfen also annehmen, dass solche Verhaltensweisen zumindest den sensibleren unter unseren anthropoiden Urahnen nicht ganz fremd waren.

Allerdings stellt sich hier eine grundlegende Frage: Liegt dem hier beschriebenen Verhalten tatsächlich eine Charakterdisposition zugrunde, die wir – als durchzivilisierte, aufgeklärte, postmoderne Bürger der westlichen Welt – als ‹Schüchternheit› identifizieren würden? War der Frühmensch zu schüchtern, um den Anführer seiner Gruppe zum Kampf herauszufordern – oder empfand er bloß eine dumpfe Furcht vor dessen Keule? War es Koko wirklich peinlich, dass man sie beim Spielen überraschte – oder handelte es sich bei dem von ihr gezeigten Verhalten um eine nach Gorillamaßstäben vielleicht besonders sensible, aber doch mehr oder minder normale Abwehrreaktion, die in menschlichen Gefühlskategorien gedeutet wurde? Ganz grundsätzlich: Ist ‹Schüchternheit› eine überzeitliche, historisch konstante Größe?

Tatsächlich spricht vieles dafür, dass es sich bei Gefühlen wie Scham und Schüchternheit keineswegs um anthropologische Konstanten handelt, sondern dass sie im Lauf der biologischen und sozialen Evolution stetig wechselnden Konjunkturen unterworfen waren und sind. «Gefühle [...] verändern sich in Ausdruck, Objekt und Bewertung», schreibt die Historikerin Ute Frevert. «Selbst wenn Affektprogramme in allen Lebewesen genetisch-biologisch angelegt wären, kommt es darauf an, wie sie aktiviert werden, durch welche Wahrnehmungen und Interpretationen.» Der Mensch mag also zwar seit Urzeiten dazu befähigt sein, sich zu schämen oder schüchtern zu sein. Doch ob und in welcher Form diese Eigenschaften zu Tage treten, ob sie als schädlich oder nützlich, als ehrbar oder verwerflich gelten, ob sie nach Leibeskräften unterdrückt oder im Gegenteil kultiviert werden: das alles hängt entscheidend von den je wechselnden sozialen und kulturellen Rahmenbedingungen ab.

Betrachtet man die Genealogie der Schüchternheit, so fällt auf, dass die Vorläufer dieser Gefühls- und Charakterdisposition in der abendländischen Kultur oft überraschend positiv besetzt waren. Das altgriechische Wort *aidós* etwa, das in deutschen Übersetzungen oft mit ‹Schamhaftigkeit› oder ‹Scheu› wiedergegeben wird, meinte zwar, wie der Philosoph Jürgen Ruhnau schreibt, durchaus ein Gefühl, «das die Tendenz hat, einen Handlungs- oder Redeimpuls zu hemmen, um möglichen Tadel und damit Minderung des Selbstwertgefühls zu vermeiden». Doch schwangen in seinem semantischen Resonanzraum noch eine Vielzahl weiterer Gefühlsnuancen mit, die unserem heutigen Verständnis von Schüchternheit eher fremd sind: zum Beispiel Ehrfurcht (vor Göttern, Priestern oder Eltern), Ehrgefühl (gegenüber Freunden) oder Mitleid (mit Hilfsbedürftigen).

In der *Ilias* bezeichnet *aidós* die Scheu des adligen Menschen, «etwas zu tun, was häßlich [...] ist», dem Dichter Hesiod galt es als allgemeines Gefühl für Recht und Anstand, und Platon erhob es geradezu zur emotionalen Grundlage für tugendhaftes Verhalten, ja für die Möglichkeit sozialen Zusammenlebens überhaupt: Wenn die Menschen nicht allesamt schamhaft wären, lässt er den Göttervater Zeus im Dialog *Protagoras* verkünden, dann könnte es «nie [...] zum Bestehen von Staaten kommen»; wer unfähig ist, Scham zu empfinden, den solle man töten wie «ein Geschwür am Leibe des Staates». Erst ihre Schamhaftigkeit befähigt die Menschen zu respektvollem gesellschaftlichen Miteinander: *Aidós* steht damit in einer Reihe mit Selbstbeherrschung, Mäßigung und Anstand. Kein Wunder, dass auch Platons Schüler Aristoteles diesem

Gefühl, als «Angst vor der Minderung des guten Rufs», eine wichtige Stellung auf dem Weg zur Tugendhaftigkeit zuweist – allerdings ausschließlich für Jugendliche, da diese in «der Leidenschaft leben und daher vielfach falsch handeln, durch die Scham-Empfindung aber davor bewahrt werden können». Aristoteles meint mit *aidós* also eine Art pädagogisches Korrektivgefühl, das den Menschen von verwerflichen Handlungen abhält, solange er noch nicht aus Einsicht und sittlicher Reife das Richtige tut.

Auch von den Philosophen der Stoa wurde *aidós,* als «sittliche Scheu vor gerechtem Tadel», zu den positiv bewerteten Emotionen gezählt – allerdings wurde es nun scharf von dem auf den ersten Blick ganz ähnlich gelagerten Gefühl der *aischýne* unterschieden. Die *aischýne* galt den Stoikern als irrational, als unkontrollierbar, als eine Leidenschaft, die den Menschen von vernünftigen Entscheidungen abhält. Sie wurde zu den Arten der Furcht gerechnet und stellte mithin eine empfindliche Schwäche dar, eine Krankheit der Seele, die der gute Stoiker nach Kräften überwinden sollte. Während der Begriff *aidós* die sozial erwünschten Seiten der Schüchternheit hervorhebt, betont *aischýne* eher ihre negative, pathologische Ausprägung: In seinem Bedeutungsmoment der Furchtsamkeit gemahnt der Begriff an unser modernes Verständnis der Sozialphobie.

Welche dieser ungleichen Schwesteremotionen war es nun, die mich damals, in jener so schlaf- wie ereignislosen Nacht am Olallie-See, von Annäherungsversuchen an die Dame unter meiner Decke abhielt? Blieb ich so ‹stoisch› auf meiner Matratzenseite liegen, weil ich von gesunder sittlicher Scheu erfüllt war – oder einfach nur, weil ich krankhaft-irrationale Angst hatte? Hätte mich ein Vertreter der Stoa, deren viertelverdaute Lehren ich damals in meinem verwirrten Kopf bewegte, aufgrund meines Verhaltens eher gelobt oder eher getadelt? Ich vermute, beides: Er hätte mir einerseits zu meiner Schüchternheit, im Sinne von *aidós*, gratuliert; schließlich handelte ich moralisch. Und er hätte mich andererseits für meine Schüchternheit, im Sinne von *aischýne*, gerüffelt; schließlich handelte ich nicht aus moralischer Einsicht, sondern aus Furcht. Vielleicht hätte ein Stoiker aber auch die Problemstellung gar nicht verstanden, da man sich in der Antike nur selten als Austauschschüler in einer Hütte an der amerikanischen Westküste wiederfand. Auf jeden Fall lässt dieses Gedankenspiel erahnen, dass es vom antiken Verständnis der Schüchternheit bis zu unserer modernen Auffassung dieser Charaktereigenschaft noch ein weiter mentalitätsgeschichtlicher Weg war.

Auch die Bibel unterscheidet zwischen negativ und positiv bewerteten Gefühlen der Scham und Scheu. «Denn man kann sich so schämen, daß man in Sünde gerät», heißt es im apokryphen Buch Jesus Sirach, «und man kann sich auch so schämen, daß man Gnade und Ehre davon hat.» Wer etwa zu schüchtern ist, sich seiner Sünden zu bekennen oder das Wort zu ergreifen, wenn er dadurch jemandem helfen könnte, der zeigt «falsche Scham». Wer hingegen davor zurückscheut, einen Freund zu verraten, vertragsbrüchig zu werden, auszuplaudern, was man unter dem Siegel der Verschwiegenheit erfahren hat, oder zu einer Prostituierten zu gehen, der beweist «rechte Scham».

Wie in der griechischen Tradition geht es hier offenbar um zwei verschiedene, unterschiedlich motivierte Formen der Zurückhaltung: eine, die der Furcht oder Feigheit entspringt, die vom rechten Handeln abhält und daher zu verdammen ist. Und eine andere, die sich einer Art religiösem und sozialem Anstandsgefühl verdankt und die dem Schamhaften daher zur Ehre gereicht.

Dieses Moment setzt sich im Neuen Testament und später in der christlichen Philosophie fort. Im Markus-Evangelium etwa fordert Jesus seine Jünger dazu auf, sich seiner nicht zu schämen, da er sich sonst am Jüngsten Tag revanchieren und im Gegenzug ihrer schämen könnte (welche eschatologischen Konsequenzen das hat, wird zwar nicht ausbuchstabiert, lässt sich aber erahnen: Im Himmel ist für schüchterne Leugner kein Platz). Der Apostel Paulus warnt in seinem Brief an die Philipper davor, sich von seinen Widersachern einschüchtern zu lassen. Der Kirchenvater Augustinus tadelt die falsche Scham, die frühe Christen gegenüber Ungläubigen und Spöttern empfanden. Und auch bei Thomas von Aquin kann *erubescentia* (wörtlich: ‹das Erröten›) jenes beklemmende Gefühl bezeichnen, das der Verkünder des Evangeliums empfindet, wenn er von den Weltmenschen als Narr verlacht wird.

Hinzu kommt im christlichen Denken jedoch noch ein weiteres Motiv: nämlich die Vorstellung, dass Schamhaftigkeit eine Gefühlshaltung ist, die *jedem* Menschen gut zu Gesicht steht, da er von Natur aus sündhaft ist. Der Mensch schämt sich demnach, oder sollte sich zumindest schämen, weil seine Urahnen im Paradiesgarten sich seinerzeit zu hochmütig – man könnte auch sagen: zu unschüchtern – verhielten und danach begehrten, ihrem Schöpfer ebenbürtig zu werden. Die Folgen sind bekannt: Vertreibung, Feldarbeit, Schwangerschaft. Der schlagendste Beweis für die kreatürliche Unvollkommenheit des Menschen und der beständig an seinen Sündenfall erinnernde Knoten im Taschentuch ist aber die Peinlichkeit, welche der Mensch angesichts seiner körperlichen Nacktheit empfindet. Neben der falschen und der richtigen Scham nimmt daher vor allem die geschlechtliche Scham in den Schriften des Heiligen Augustinus sowie des Thomas von Aquin breiten Raum ein: «Nun aber muß der Geist sich schämen, daß ihm der Körper Widerstand leistet, der ihm doch wegen seiner niederen Natur unterworfen ist», heißt es im *Gottesstaat* von Augustinus. Das Gefühl der Scham resultiert also daraus, dass der Körper sich immer wieder aufführt wie eine Horde hormonell übersteuerter Jugendlicher auf Klassenfahrt, während der verantwortliche Lehrer – der ‹Geist› – mit über dem Kopf zusammengeschlagenen Händen hilflos daneben steht.

Diese gedankliche Linie, welche das Schamgefühl primär als Leibesscham versteht, zieht sich bis weit in die Neuzeit: Noch Anfang des 20. Jahrhunderts deutete der Philosoph und Soziologe Max Scheler die Scham als allgemeinen Teil der menschlichen Natur, die ihren Ursprung in der «einzigartige[n] Stellung […] des Menschen», in seiner «Lage zwischen dem Göttlichen und Tierischen» habe. Der Mensch schämt sich Scheler zufolge stets dann, wenn er sich intellektuell in ‹höheren Sphären› bewegt und dann urplötzlich gewahr wird, dass sein Geist leider doch «an eine räumlich und zeitlich eng begrenzte, tierartige Existenz mit der ganzen Menge ihrer

Bedürftigkeiten» gekettet ist. «Nur weil zum Wesen des Menschen ein Leib gehört, kann er in die Lage kommen, sich schämen zu *müssen*», schreibt Scheler; «und nur weil er sein geistiges Personsein als wesensunabhängig von einem solchen ‹Leibe› erlebt, [...] ist es möglich, daß er in die Lage kommt, sich schämen zu *können*.» Ich nehme an, dass es diese aus der jüdisch-christlichen Tradition stammende, tief in die westliche Körperwahrnehmung eingeschriebene Leibesscham ist, die auch dem heutigen Schüchternen noch zu schaffen macht, die ihn von Freibadbesuchen abhält und dazu bringt, auch nach Jahren der Ehe vor dem Sex schnell das Licht auszumachen.

Allerdings wäre es falsch und allzu wohlfeil, die gesamte Schuld für die Entstehung der modernen Schüchternheit auf das Christentum abzuwälzen (erleichtert sehe ich aus dem Winkel meines geistigen Auges, dass Agentin Babajaga ihren erhobenen Zeigefinger wieder sinken gelassen hat und mir beipflichtend zunickt). Wenigstens fünf weitere mentalitäts- und sozialgeschichtliche Umwälzungen mögen zur Genese der modernen Schüchternheit beigetragen haben.

Ich Wie wir gesehen haben, kann ein Kind erst dann Gefühle der Schüchternheit entwickeln, wenn es sich selbst als eigenständige Person wahrnimmt, wenn es sein Ich also in gewissem Maße objektivieren und sich in andere und deren Blickwinkel hineinversetzen kann. «Wenn die Betonung des Ichs die eigentliche Voraussetzung alles Beschämtseins ist, so bedarf es dazu eines Fürsichseins, einer Selbständigkeit dieses Ichs», schreibt Georg Simmel. «Nur das ganz selbständige, für sich verantwortliche Ich gibt den Rahmen ab, innerhalb dessen […] die Betonung und die Herabsetzung seiner selbst in jene charakteristische Reibung miteinander treten können.»

Was nun für die individuelle ontogenetische Entwicklung gilt, das gilt mutmaßlich auch für größere mentalitätsgeschichtliche Prozesse – namentlich für jene Bewegung, die wir als Phylogenese des modernen Subjekts bezeichnen könnten. Dem durchschnittlichen Menschen des Mittelalters war jenes starke Ich-Gefühl, das wir als aufgeklärte Bürger moderner demokratischer Staaten kennen und kultivieren, nämlich vermutlich noch sehr fremd: Er verstand sich weniger als abgeschlossenes Ganzes, als autonomes Individuum, denn als bloßer Teil eines Ganzen, als «Durchzugsgebiet kosmischer Flutungen» (um eine Formulierung des Literaturwissenschaftlers Albrecht Koschorke zu verwenden), das nicht oder nur undeutlich von der Masse der ihn umwogenden Wesenheiten geschieden war.

Jene Schamvermeidungsängste und sozialen Hemmungen, die wir als Schüchternheit bezeichnen, waren für einen vormodernen Menschen daher vermutlich nur schwer vorstellbar: Wer noch über kein Selbst verfügt, kann sich seiner selbst auch nicht schämen. «[E]rst die konzentrierte Beschäftigung mit jenem Ich, die in der Frühen Neuzeit begann», schreibt Ute Frevert, «[machte] den ‹anderen› zum erkennbaren Problem.» Erst als der Mensch begann, sich klar von seiner Umwelt abzugrenzen, konnte er sich auch in dem Gedanken verbeißen, dass er von seiner Umwelt kritisch beäugt und beurteilt werden könnte. Die psychische Befähigung, sein Selbst derart in den Mittelpunkt des eigenen Interesses zu rücken und dann zu erniedrigen, wie der Schüchterne das tut, setzt einen enormen Glauben an die Bedeutung des Ichs und der eigenen Individualität voraus, die vor der Renaissance in dieser Intensität kaum denkbar gewesen wäre. Die Schüchternheit wäre mithin eine Nebenwirkung der Entwicklung des modernen Subjekts.

Zivilisation   Ich gehe gern Bergsteigen und kann daher aus eigener Erfahrung sagen: Ich habe zwar allergrößte Hemmungen, mich im sicheren Flachland bei einem Fremden nach dem Weg zu erkundigen, ihn nach der Uhrzeit zu fragen oder sonstwie um Hilfe zu bitten. Als ich aber einmal in den Stubaier Alpen – glücklicherweise nur im Rahmen eines Gletscherkurses – am Ende eines Seils in einer vereisten Schlucht baumelte, hatte ich keinerlei Hemmungen, mir von anderen helfen zu lassen; und ich bin mir ziemlich sicher, dass ich, wenn ich tatsächlich einmal in Bergnot geraten sollte, so hemmungs- und schamlos um Hilfe brüllen würde wie nur irgendein Unschüchterner auf dieser Erde.

Was ich mit diesem Predigthistörchen sagen möchte: Man kann sich nur unter sicheren Grundbedingungen, in geordneten, ‹zivilisierten› Verhältnissen Gedanken über die Bedrohung machen, die von der Aufmerksamkeit anderer Leute ausgehen könnte. Blicke, so sagt man, können töten – aber Keulen, Schwerter, Pistolenkugeln und auch Gletscherspalten sind doch ungleich effektiver. Wer Furcht vor einer äußeren Gefahr haben muss, hat vermutlich weniger Zeit für Sozialangst. Schüchternheit ist in gewisser Weise ein Luxusproblem.

Dies mag, auf die je individuelle Lebensgeschichte bezogen, wie eine Binsenweisheit anmuten und möge bitte keinesfalls als Lamento über eine Verweichlichung der Gesellschaft zu Friedenszeiten verstanden werden («Was bist du, schüchtern? Ein paar Wochen an der Ostfront hätten dir solche Flausen schon ausgetrieben!»). Gesamtgesellschaftlich betrachtet beschreibt das Modell aber recht treffend die sozial- und mentalitätsgeschichtlichen Bedingungen, unter denen sich die moderne Schüchternheit entwickeln konnte.

Folgt man dem Soziologen Norbert Elias, so ist das massive Anwachsen der Scham- und Peinlichkeitsschwellen in Mitteleuropa seit dem 16. Jahrhundert Teil und Ergebnis eines großen ‹Zivilisationsprozesses› – und nicht zuletzt der zunehmenden Pazifizierung. Nur weil immer größere Räume zumindest zeitweilig befriedet wurden, indem beispielsweise das Wegenetz ausgebaut und die Gefahr durch Raubritter und -tiere eingedämmt wurde, erst als die Umwelt also aufhörte, eine Gefahrenzone zu sein, aus der jederzeit «Unruhe und Furcht in das Leben des Einzelnen» einbrechen konnte, konnte sich auch die Sensibilität der Menschen für den interpersönlichen Umgang verfeinern; und damit nahm auch die Sorge zu, den anderen durch anstößiges, ‹unzivilisiertes› Verhalten zu verletzen. «Nun verstärken sich proportional zur Abnahme der äußeren die inneren Ängste, die Ängste des einen Sektors im Menschen vor dem andern», schreibt Elias in seiner Studie *Über den Prozeß der Zivilisation*. «Nun wird ein ganzer Teil der Spannungen, die ehemals unmittelbar im Kampf zwischen Mensch und Mensch zum Austrag kamen, als innere Spannung im Kampf des Einzelnen mit sich selbst bewältigt. [...]

Die Gefahrenzone geht jetzt gewissermaßen quer durch die Seele aller Individuen hin.»

In eben dem Maß, in dem die äußeren Bedrohungen abnahmen, bröckelte also der innerpsychische Burgfrieden. Die Angst, die ehedem von konkreten äußeren Gefahren ausgelöst worden war, wurde nun zunehmend internalisiert, zu einer abstrakten Angst vor Beschämung, einem stetigen, quälenden Ringen mit sich selbst beziehungsweise den durch die Gesellschaft vermittelten Moralgeboten und Wertvorstellungen. Zugleich wurden die sozialen Netze, in denen die Menschen lebten, immer engmaschiger, die Abhängigkeiten immer größer, die gegenseitige Kontrolle wurde stärker: Die Möglichkeiten, sich zu blamieren oder aber einer drohenden Blamage durch vorausschauende Schüchternheit zu entgehen, nahmen seit dem 16. Jahrhundert stetig zu.

Empfindsamkeit   Doch die intensive Auseinandersetzung mit den eigenen Angst- und Peinlichkeitsgefühlen, die der Schüchternheit zugrunde liegt, setzt nicht nur ein modernes Subjekt und die Verlagerung äußerer Ängste in die Psyche voraus. Sie bedarf auch des Bewusstseins, dass solche Gefühle Bedeutung haben und daher der genauen Beobachtung wert sind – dass Emotionen also mehr sind als das Ergebnis einer bloßen Körpermechanik, die den Geist vom Denken abhält und daher von diesem nach Möglichkeit kontrolliert werden sollte.

René Descartes etwa beschrieb das Phänomen des Errötens, wie es bei schüchternen Menschen auftreten kann, noch wesentlich als Folge einer fehlerhaften physiologischen Hydraulik: «Dies zeigt sich vorzüglich bei der Scham, welche eine Verbindung der Selbstliebe und des Verlangens, eine drohende Schande zu vermeiden, ist», so der Philosoph in seiner 1649 erschienenen Schrift *Über die Leidenschaften der Seele*: «Deshalb dringt das Blut aus den inneren Teilen nach dem Herzen, von da durch die Arterien nach dem Gesicht, und eine damit verbundene mäßige Traurigkeit hemmt die Rückkehr des Blutes nach dem Herzen.»

Es waren gerade solche mechanistischen Auffassungen des menschlichen Körpers und seiner Affekte, gegen die sich die im 18. Jahrhundert aufkommende literarische und philosophische Strömung der Empfindsamkeit beziehungsweise des Sentimentalismus wandte. Man denke an die verzweifelten Versuche des Yorick – der Hauptfigur aus Laurence Sternes Romanfragment *Empfindsame Reise durch Frankreich und Italien*, das der Bewegung ihren Namen gab – sich selbst und der Welt durch gezielten Gefühlsüberschwang zu beweisen, dass er «keine Maschine» sei. Man betrachte die Akribie und Hingabe, mit welcher der Pädagoge und Schriftsteller Joachim Heinrich Campe sich bemühte, die (inzwischen teilweise wieder in Vergessenheit geratenen) emotionalen Phänomene der ‹Empfindung›, ‹Empfindniß›, ‹Empfindsamkeit›, ‹Empfindlichkeit›, ‹Empfindelei›, ‹Empfindsamlichkeit› sowie nicht zu vergessen der ‹Empfindsamelei› voneinander abzugrenzen.

Wohl nie zuvor wurde so flächendeckend und intensiv über das emotionale Vermögen des Menschen nachgedacht und geschrieben wie in dieser Epoche. Das Ohr fest an den eigenen Brustkorb gepresst, horchte der Sentimentalist sein Innerstes auf Erschütterungen, Regungen und Schwingungen ab und legte in Tagebüchern, Briefen und autobiographischen Schriften Zeugnis darüber ab – und in dem Maß, in dem er seine Empfindungen beobachtete und beschrieb, nahm auch sein Selbstgefühl zu. «Eine [...] materiale Voraussetzung der frühbürgerlichen Emotionalisierung als Psychologisierung liefert die Technologie der Schriftlichkeit», schreibt der Soziologe Andreas Reckwitz. «Sowohl das Lesen wie das Schreiben von Briefen trainieren das bürgerliche Subjekt in der permanenten Selbstbeobachtung, der Wahrnehmung und Reflexion seiner vermeintlichen und damit immer auch produzierten ‹Innenwelt› von Gedanken, Gefühlen oder Erinnerungen, somit in der Herausbildung einer raffinierten Emotionalität des Ichs, die sich auf sich selbst und andere Personen richtet.» Es war also vermutlich nicht zuletzt die zunehmende Literarisierung der bürgerlichen Gesellschaft und die mit ihr einhergehende Begeisterung für das eigene Gefühlsleben, welche unsere moderne Gefühlssemantik, und damit auch unser Scham- und Schüchternheitsempfinden, entscheidend prägte.

Demokratie Die Auffassung, welches Verhalten als schüchtern gilt und wie es zu bewerten sei, ist untrennbar mit der Gesellschaftsform verbunden, vor deren Maßstäben sie entsteht, oder besser gesagt: die sie allererst erzeugt. Die Schüchternheit beziehungsweise das historische Wechselbad, das diese Verhaltensdisposition durchlaufen hat, sagt ebenso viel über die soziale Ordnung aus, die ihr zugrunde liegt, wie über den individuellen Charakter. Dies zeigt sich vielleicht am deutlichsten an einem Begriff, der zwischenzeitlich eine rasante Bedeutungsverschlechterung erfahren hat, der im 18. Jahrhundert aber noch weitgehend synonym mit dem Ausdruck ‹Schüchternheit› verwendet wurde: der ‹Blödigkeit›.

Immanuel Kant bestimmte die Blödigkeit als eine «Art von Schüchternheit und Besorgniß, anderen nicht vortheilhaft in die Augen zu fallen». Für den Literaturwissenschaftler Georg Stanitzek stellt sie eine Mischung verschiedener Emotionen dar, die sich semantisch mehr oder weniger dicht um den Begriff der Angst scharen: Der Blöde ist demzufolge «scheu und schüchtern», «bange [...] aus Mißtrauen» und: «er schämt sich». Was die Blödigkeit als Vorform der modernen Schüchternheit nun so interessant macht, ist, dass ihre Entwicklung untrennbar mit der zunehmenden Demokratisierung und Öffnung der westlichen Gesellschaften verbunden ist.

In der vormodernen, ständisch-hierarchisch organisierten Gesellschaft galt Blödigkeit nämlich noch – ähnlich wie das antike Gefühl der *aidós* oder die christliche Schamhaftigkeit – als allgemein-menschliche Eigenschaft, die aus der beschränkten Stellung des Menschen innerhalb der göttlich verfügten Weltordnung herrührte. Blöde zu sein oder sich blöde zu fühlen, war nichts Besonderes, sondern galt im Gegenteil als lobenswerte Norm: Der Mensch, schrieb Martin Luther, habe eben eine «blöde Natur». Auch die ständische Rangordnung spiegelte diese metaphysische Hierarchie wider: Sie galt als irdische Entsprechung zur ‹großen Seinskette›, jenem Ordnungssystem, in dem jedes Wesen einen ihm zugewiesenen, unabänderlichen Platz hatte.

Allerdings wurde diese «Abbildbarkeit der metaphysischen

auf die soziale Hierarchie», wie Georg Stanitzek schreibt, im Lauf des 18. Jahrhunderts immer mehr in Frage gestellt. Die ständisch organisierte Gesellschaft öffnete sich zunehmend und differenzierte sich funktional aus, es wurde also möglich, die einem durch Gott beziehungsweise die soziale Herkunft zugewiesene Stellung in der Welt zu verlassen und auf der gesellschaftlichen Himmelsleiter nach oben zu klettern. Dadurch wurden für den sozialen Aufsteiger allerdings auch gesellschaftliche Sphären erreichbar, deren Verhaltensnormen und Codes ihm nicht vertraut waren und wo die Gefahr, sich ‹blöde› zu benehmen oder ‹eingeschüchtert› zu fühlen, stetig zunahm. «Als blöde erscheint und begreift sich das Individuum in jenem Prozeß, der es aus dem Gehäuse heraustreten läßt, als das die Ordnungen der alten Gesellschaft zu denken waren», schreibt Stanitzek. «Blödigkeit [...] bezeichnet in der Folge die unsichere Überreflexion des mit den ungewissen Chancen und unwägbaren Risiken einer Herkunft und Zukunft entzweienden Moderne konfrontierten einzelnen.»

Ein schüchtern-blödes Verhalten wurde zum Kennzeichen des bürgerlichen Individuums in der Übergangsgesellschaft und stellte für den sozialen Aufsteiger ein ernsthaftes Problem dar: Jederzeit musste er befürchten, sich vor den Angehörigen höherer Schichten zu blamieren, da er, um einen Ausdruck des Soziologen Pierre Bourdieu zu verwenden, seinen ‹Habitus›, also seine in Sprache, Gestik und Umgangsformen geronnene Lebensgeschichte, nicht ablegen konnte. Bezeichnenderweise soll es gerade in der klassenbewussten englischen Gesellschaft des 19. Jahrhunderts erstmals zu einem epidemischen Auftreten von *shyness* gekommen sein, da etliche soziale Aufsteiger in stetiger Angst davor lebten, sich durch ihren *lowerclass*-Akzent zu verraten: «Etliche Leute gehen als ‹Ladies› oder ‹Gentlemen› durch, solange sie nur nicht den Mund aufmachen», warnte ein englischer Schüchternheitsratgeber aus dem frühen 20. Jahrhundert: «– wenn sie es dann doch tun, zeigt sich ihre wahre Herkunft.»

Suchte man in der Literaturgeschichte nach einem dergestalt Befangenen, so würde man auf den aus ärmlichen Verhältnissen stammenden Anton Reiser aus dem gleichnamigen Roman von Karl Philipp Moritz treffen, der bei seinen Versuchen, über seinen Stand hinauszukommen, in ständiger, neurotischer Angst vor Beschämung lebt: «Die Furcht, in einem lächerlichen Lichte zu erscheinen, war bei Reisern zuweilen so entsetzlich, daß er alles, selbst sein Leben, würde aufgeopfert haben, um dies zu vermeiden.» Bezeichnenderweise findet diese Schamangst stets dann ihre schlimmste Bestätigung, wenn Reiser mit Angehörigen höherer sozialer Schichten, etwa seinen elegant gekleideten Mitschülern konfrontiert ist: «Der Rock gab ihm ein lächerliches Ansehen, weil er ihm zu kurz geworden war. Dies fühlte er selbst, und der Umstand trug sehr viel zu der Schüchternheit in seinem Wesen bei [...].»

Ein entfernter französischer Verwandter von Anton Reiser ist Julien Sorel, der gesellschaftliche Emporkömmling aus Stendhals Roman *Rot und Schwarz*, der zwar nach heutigen Begriffen nicht besonders schüchtern ist, sich in Gegenwart gesellschaftlich höhergestellter Damen aber oft ausnehmend blöde benimmt: «Madame de Rênal kam aus dem Staunen nicht heraus, wie unbeholfen und dreist er war», heißt es an einer Stelle über die Frau des Bürgermeisters, der Julien seine tollpatschigen Avancen macht – doch glücklicherweise findet Madame die Unbeholfenheit ihres Hauslehrers charmant und auch sogleich eine wohlmeinende Erklärung für die Blödigkeit ihres Untergebenen: «Das ist die Schüchternheit der Liebe bei einem Mann von Geist!»

In gewisser Weise stellt die peinigende Erfahrung der Blödigkeit beziehungsweise Schüchternheit also die Kehrseite der Demokratisierung dar, wie sie sich seit Beginn der Moderne in den westlichen Gesellschaften vollzog. Man könnte sogar vermuten, dass die Schüchternheit proportional zur gesellschaftlichen Durchlässigkeit und Aufwärtsmobilität zunimmt: Je größer die sozialen Aufstiegschancen sind, je weiter und vielfältiger die Kreise, in denen man sich bewegt, desto zahlreicher werden auch die Gelegenheiten, sich zu blamieren. «Stände und Klassen in der alten Weise gibt es nicht mehr, aber man täusche sich nicht: Die Systeme der Ausgrenzung sind feiner geworden», schreibt der Journalist Ulrich Greiner. «Als Steuerzahler, Radfahrer, Katholik, Tourist, Arbeitnehmer muss ich jeweils anderen Erwartungen, anderen ungeschriebenen Regeln folgen, und sie variieren nochmals mit meinem Alter und meinem Geschlecht. Nirgends mehr kann ich mich vollkommen sicher fühlen, die Situationen und Anforderungen ändern sich schneller als das Wetter.» Wir mögen zwar äußerlich frei sein, sind aber gerade deshalb innerlich befangen.

Kapitalismus Mit der Liberalisierung des gesellschaftlichen Lebens war nicht zuletzt auch eine zunehmende Liberalisierung der Wirtschaft verbunden. 1776, im selben Jahr, in dem sich die USA für unabhängig erklärten und damit den Grundstein für den ersten modernen demokratischen Staat der Welt legten, erschien auch *Der Wohlstand der Nationen*, das Hauptwerk des Ökonomen Adam Smith: Es stellt die vielleicht wichtigste theoretische Grundlage für die Entstehung der freien Marktwirtschaft dar. Mit dem darauf folgenden Siegeszug des Kapitalismus wurde der letzte und möglicherweise wichtigste Nagel in das Prokrustesbett der modernen Schüchternheit eingeschlagen. (Es ist zwar nicht das Thema dieses Buchs, soll aber auch nicht verschwiegen werden, dass andere politische Systeme über vielleicht weniger subtile, deshalb aber nicht weniger furchteinflößende Mittel und Wege verfügen, um ihre Subjekte einzuschüchtern.)

Folgt man dem Soziologen Max Weber, so ist der ‹Geist des Kapitalismus› maßgeblich aus dem asketischen Protestantismus angelsächsischer Prägung hervorgegangen. So wie der asketische Protestant sich seiner Erwähltheit niemals sicher sein kann und daher andauernd seinen Gnadenstand überprüfen muss (ein Gefühl, das mir aus meiner Zeit in oben besungenem Knabenchor weidlich bekannt ist), lebt auch der Mensch im Kapitalismus Weber zufolge in einem Zustand «beständiger Selbst*kontrolle*». Unablässig muss er über seine Ausgaben und Einnahmen Buch führen, ständig muss er sich fragen, was er noch besser machen könnte, was seine Konkurrenten ihm womöglich voraus haben, und ob sie ihn vielleicht in ebendiesem Moment auf dem Weg ins finanzielle Himmelreich überflügeln. Man darf davon ausgehen, dass die furchtsame, kritische Selbstbeobachtung, wie sie der Schüchternheit zugrunde liegt, durch den kapitalistischen Imperativ maßgeblich gefördert wird.

Darüber hinaus erfordert das kapitalistische Wirtschaftssystem von seinen Subjekten, dass sie sich ständig selbst darstellen: dass sie sich also im doppelten Wortsinn ‹bewerben›, ‹vermarkten›, ‹ins rechte Licht setzen›, dort möglichst lange und aufreizend verharren und sich letztendlich ‹verkaufen›. All dies sind, wie erwähnt, Dinge, die Schüchternen eher schwer fallen – ja Anforderungen, die ein schüchternes Verhalten erst als Abweichung von einem gesellschaftlichen Idealbild erkennbar machen und damit hervorbringen. Kein Wunder, dass die ersten deutschsprachigen Schüchternheits-Ratgeber zu einer Zeit veröffentlicht wurden, als der Monopolkapitalismus gerade seinen Höhepunkt erreichte und die weitgehend unangefochtene Wirtschaftsform in der westlichen Welt darstellte.

Während das 1907 erschienene Buch *Schüchternheit, nervöse Angst= u. Furchtzustände sowie andere seelische Leiden und ihre dauernde Heilung* noch vor allem individualpsychologische Gründe sowie Fehler in der Erziehung und Lebensführung für die Entstehung der Schüchternheit verantwortlich macht, wagt *Die erfolgreiche Bekämpfung der Schüchternheit* aus dem Jahr 1911 bereits eine gesamtgesellschaftliche Analyse. Als Ursache für diese «stark grassierende Krankheit unserer Zeit», die einen geradezu «epidemischen, um nicht zu sagen infektiösen Charakter» habe, macht der Autor nicht zuletzt den «politische[n] und sozialen[n] Druck von oben und unten», den «heutige[n] wirtschaftliche[n] und gesellschaftliche[n] Kampf ums Dasein» aus: «Der Schlachtruf im Erwerbskampf lautet in der Zeit der Streber, Dränger und Schieber bekanntlich: [...] Pack dich, daß ich mich an deine Stelle setze. Rücksichtslosigkeit, festes Auftreten, das nicht selten bis zum Niedertreten des anderen geht, ist leider das Kennzeichen des sozialen Kampfes. Das ist hart, aber man muß die Dinge eben so nehmen wie sie sind.» In etwas weniger martialische sozialdarwinistische Worte gefasst, könnte dieser Befund durchaus auch auf unsere heutige spätkapitalistische Gesellschaft zutreffen.

Tatsächlich war der Drang und Zwang zur öffentlichen Selbstdarstellung vermutlich noch nie so groß wie heute. Wir werden mehr und mehr, um es mit dem Soziologen Richard Sennett zu sagen, zu Händlern auf dem großen «Markt der Selbstoffenbarungen», wo das eigene Ich das höchste Gut und die Aufmerksamkeit der anderen die wichtigste Währung darstellt. Dieser Trend zur Selbstvermarktung verdankt sich Sennett zufolge einer zunehmenden Tendenz zur Psychologisierung des öffentlichen Lebens, die dazu führt, dass wir «die Gesellschaft nur in dem Maße für ‹bedeutungsvoll› [halten], wie wir sie in ein riesiges psychisches System verwandeln». Das heißt: Wir sind an Personen des öffentlichen Lebens, etwa an Politikern, vor allem ‹als Menschen› interessiert, weniger als Vertreter einer bestimmten politischen Haltung oder aufgrund ihrer Qualifikation. Wir wissen zwar, dass die eigentliche Aufgabe eines Politikers darin bestehen mag, Gesetze zu erarbeiten und bestmöglich umzusetzen – aber eigentlich schenken wir ihm erst dann gebührende Aufmerksamkeit, wenn er als «Persönlichkeit» in Erscheinung tritt. Dieses «übermäßige Interesse an Personen auf Kosten der gesellschaftlichen Beziehungen wirkt wie ein Filter, der unser rationales Gesellschaftsverständnis verfärbt», schreibt Sennett. «Er macht uns glauben, Gemeinschaft sei das Produkt gegenseitiger Selbstentblößung.»

An wohl keiner Figur des politischen Lebens zeigt sich dieses Phänomen so deutlich wie am ehemaligen deutschen Wirtschafts- und Verteidigungsminister Karl-Theodor zu Guttenberg, der als Prototyp des Unschüchternen, ja geradezu als Ikone der Selbstgewissheit gelten darf. Bedenkt man, dass zu Guttenberg aus einem alten fränkischen Adelsgeschlecht stammt, und folgt man der oben formulierten These, dass die moderne Schüchternheit sich nicht zuletzt aus der Blödigkeit des Bürgers bei Hof entwickelt hat, kann dies kaum überraschen: Als gebürtiger Freiherr verfügt zu Guttenberg nicht nur über beträchtliches ökonomisches, sondern auch über enormes kulturelles Kapital, ist also mit der gesellschaftlichen Etikette und den sozialen Kodizes innig vertraut – allein was die Regeln wissenschaftlichen Arbeitens angeht, hat er offenbar gewisse Defizite.

Erstaunlicherweise wurde der CSU-Politiker bereits nach wenigen Monaten im Ministerrang als künftiger Kanzlerkandidat gehandelt und als eine Mischung aus politischem Messias und John F. Kennedy bejubelt; selbst nach seiner Entblößung als Plagiator stand er in den Hitlisten der beliebtesten deutschen Politiker noch immer ganz oben. Seiner tatsächlichen politischen Leistung dürfte dies kaum geschuldet sein, sondern eher seiner Fähigkeit, sich als charismatische Politiker-Persönlichkeit zu vermarkten. Es gelang zu Guttenberg, sich als Luxusmarke mit bestimmten Alleinstellungsmerkmalen – klare Kante, Stilbewusstsein, Frisur – zu etablieren und einprägsame Bilder von seiner besten Ware, also sich selbst, in Umlauf zu bringen: Mit Nadelstreifenanzug am Times Square. Im schwarzen AC/DC-T-Shirt im oberbayrischen Bierzelt. Im blauen Einreiher, mit farblich abgestimmter Splitterschutzweste, in Afghanistan. Als die Lage am Hindukusch ernstere modische Statements erforderte, ebendort mit cremefarbener Cargohose und Ray-Ban-Fliegerbrille. Zu Weihnachten mit blonder Ehefrau. Und schließlich, bei seinem Rücktritt, im dunklen Anzug und mit angemessen ernster Miene, als waidwundes Opfer der Presseberichterstattung.

Es ist bemerkenswert, wie perfekt zu Guttenberg seine Kleidung dem Anlass entsprechend auszuwählen verstand und wie sehr seine Beliebtheit als Politiker mit seinem Ruf als bestangezogener deutscher Politiker oder gar als «bestangezogener Deutscher» (so das Männermagazin *GQ*) einherging: Der Ex-Minister betrieb den Beruf des Politikers bisweilen als regelrechte Modeschau, als so opulent wie fachmännisch ausgestattete Verkleidungsoper. «Kaum jemand hat in den letzten Jahren Stil und Etikette so sehr zu seinem Thema gemacht wie Karl-Theodor zu Guttenberg», schreibt der Rechtswissenschaftler Oliver Lepsius. «Selten tauschte zu Guttenberg politische Argumente aus. Viel lieber redete er über das, was sich gehört, und auch das, was sich nicht gehört. Seine Politikinszenierung wird zur Selbstinszenierung.»

Allerdings ist die Tendenz, Inhalt durch Form zu ersetzen und durch möglichst blendende Außenwirkung über die Abwesenheit von Substanz hinwegzutäuschen, nicht auf zu Guttenberg und den Politikbetrieb beschränkt, sondern ein generelles Kennzeichen unserer zeitgenössischen Casting-Gesellschaft. «Ungewöhnlich ist nicht, dass sich Menschen den Medien anbiedern», schreiben die Medienwissenschaftler Bernhard Pörksen und Wolfgang Krischke: «Neu ist, dass die mediengerechte Selbstdarstellung und das Werben um öffentliche Aufmerksamkeit allgegenwärtig geworden sind.» Casting-Shows wie *Deutschland sucht den Superstar*, *Das Supertalent* oder *Germany's Next Topmodel* befördern und vermarkten den Glauben, dass jeder, der die entsprechenden Spielregeln erlernt – seien es nun die des Musikgeschäfts oder die des Modelgewerbes –, zum Star aufpoliert werden könne. Doku-Dramen und Reality-TV-Sendungen machen vor, dass auch das ‹ganz normale›, nicht durch Imageberater, Gesangslehrer und Visagisten aufgepimpte Leben medienwürdig sei. Und die virtuellen Off-Theater des Web 2.0 kümmern sich um den Rest: «Das Internet hat eine echte Kulturrevolution bewirkt», sagt der Philosoph und Medienwissenschaftler Norbert Bolz, «weil jetzt dieser Andy-Warhol-Gedanke, jeder Mensch könne für fünfzehn Minuten Berühmtheit erlangen, Realität geworden ist.»

Diese Einschätzung mag den Begriff der Berühmtheit unnötig strapazieren – schließlich stellen fünf nach oben gereckte Daumen bei Facebook noch keine begeisterte Öffentlichkeit dar. Sie ist aber insofern richtig, als sie zeigt, dass der Trend zur Selbstdarstellung untrennbar mit der medialen Entwicklung einhergeht: Erst mit dem Aufkommen des Privatfernsehens wurden die zahllosen TV-Selbstentblößungsformate denkbar und populär; und erst mit dem Siegeszug des Internets sowie schließlich der sozialen Netzwerke konnte der Medienkonsument zum aktiven ‹Prosumenten› werden. Kein Wunder, dass das von Bolz erwähnte Warhol-Zitat längst in sein Gegenteil verkehrt wurde, und dass für Menschen wie den medienscheuen britischen Künstler Banksy inzwischen die absolute Anonymität das Idealbild darstellt: *In the future, everyone will be anonymous for 15 minutes.*

Der gegenwärtige Kult der Selbstinszenierung verdankt sich aber nicht allein der Tatsache, dass neue Medien stets auch ihnen gemäße Kommunikationsformen hervorbringen, dass die schiere Verfügbarkeit neuer Kanäle also dafür sorgt, dass auf ihnen auch gesendet wird – er hat nicht zuletzt auch ökonomische Gründe. Die «Mentalität des Instant-Erfolgs», wie sie in der Casting-Gesellschaft vorgelebt und gefordert wird, spiegelt Pörksen und Krischke zufolge auch «die Dynamik einer flexibilisierten Arbeitsgesellschaft mit befristeten und prekären Arbeitsverhältnissen, mit wechselnden und schnell entwerteten Kompetenzprofilen» wider. Bei der traditionellen beruflichen Laufbahn musste man sich zwar auch während seiner Studien-, Ausbildungs-, Lehr- oder Wanderjahre bestimmten Prüfungen und Passagenriten unterziehen, was, wie wir etwa aus Liederzyklen wie Franz Schuberts *Die schöne Müllerin* oder Gustav Mahlers *Lieder eines fahrenden Gesellen* wissen, eine durchaus peinigende Erfahrung sein konnte. Wenn man dann seinen Beruf ergriffen hatte, ließ man ihn aber in der Regel bis zum Ende der Erwerbstätigkeit nicht mehr los. Bei den heutigen Patchwork-Karrieren hingegen ist es nicht unüblich, dass man sich immer wieder und am besten bis ins Rentenalter neu bewirbt und beweisen muss. «Was die Menschen in den Casting-Shows lernen, besser gesagt, was sie testen», so Norbert Bolz, «ist, wie gut sie sich selbst in sehr, sehr kurzer Zeit auf einem Markt verkaufen können. [...] Das dürfte eine Fähigkeit sein, die heutzutage, da auf eine Stelle Hunderte von Bewerbern kommen, immer wichtiger wird.»

Der Philosoph Georg Franck vertritt daher die These, dass die traditionelle kapitalistische Ökonomie des Geldes allmählich durch den Verteilungskampf um eine neue Währung und Ressource, nämlich eine «Ökonomie der Aufmerksamkeit», abgelöst werde. Dieser Wettstreit betrifft nicht nur die Welt des schönen Mattscheibenscheins, sondern genauso andere Bereiche des öffentlichen Lebens und nicht zuletzt den Wissenschafts- und Kulturbetrieb: «Es ist ein genereller Zug unserer zeitgenössischen Kultur, dass der Kampf um die Aufmerksamkeit die Kulturszene beherrscht und dass dieser Kampf immer härter wird», so Franck. «Das ist fast so etwas wie eine Rüstungsspirale.»

Im Zug dieses selbstdarstellerischen Aufrüstens werden selbst soziale Medien, die ursprünglich der virtuellen Kontaktpflege mit Freunden dienen sollten, immer mehr zu Basaren der Selbstvermarktung. Wer in der Kulturszene arbeitet und über einen Facebook-Account verfügt, wird diesen fast automatisch zur Bekanntgabe von Veranstaltungen, Veröffentlichungen und anderen beruflichen Neuigkeiten verwenden. Viele Autoren statten die Hauptfiguren ihrer Romane inzwischen mit eigenen Facebook-Konten aus und posten unter dem Namen dieses Avatars. Und bei manchen Freundschaftsanfragen von mehr oder weniger wildfremden Menschen drängt sich der Eindruck auf, dass diese weniger an ‹Freunden› als vielmehr an einer möglichst großen Zahl von Kunden für ihre Werbung in eigener Sache interessiert sind.

Tatsächlich wird diese Art von Online-Marketing von manchen Verlagen inzwischen aktiv unterstützt oder sogar eingefordert. Erfreulicherweise wurde eines meiner Bücher unlängst von einem sympathischen, auf ‹grüne› Themen spezialisierten Verlag aus Kanada ins Englische übersetzt. Weniger erfreulich war, dass eine Frau aus der Marketing-Abteilung des sympathischen, auf grüne Themen spezialisierten Verlags mir daraufhin ein Vierteljahr lang jede Woche eine E-Mail schrieb, in der sie mir Tipps gab, wie ich meine ‹Online-Identität› und damit letzten Endes mein Buch besser vermarkten könne. Unter anderem wurde mir in Aussicht gestellt, dass ich durch unausgesetztes Bloggen, Twittern sowie tägliche Pflege meines Facebook-Accounts eine Schar von, ich zitiere wörtlich, «evangelists» um mich versammeln könne, die dann die Gute Nachricht vom Erscheinen meines Buchs an andere Gläubige weitergeben würden.

Ich muss sagen: So sehr ich mich über jeden Leser, jede Leserin freue – ich hatte keine Bibel geschrieben, und ich fühlte mich nicht hinreichend zum Religionsstifter berufen, um eine Handvoll virtueller Wanderprediger um mich zu scharen. Außerdem hatte ich gerade alle Hände und Hirnwindungen voll damit zu tun, an den hier vorliegenden schüchternen Entblößungen zu schreiben. Ich benötigte meine gesamte Konzentration, um die peinlichsten Szenen meiner Jugendzeit aus den Tiefen der Erinnerung ans Licht zu zerren. Mit anderen Worten: Ich arbeitete an einer zwar anders gerahmten, im Prinzip aber ganz ähnlichen Form der Selbstdarstellung…

«Eben!» höre ich Agentin Babajaga aus ihrer Schmollecke in meinem Oberstübchen meckern. «Dafür, dass du angeblich so schüchtern bist, trägst du hier ganz schön schamlos deine Haut zu Markte. Weißt du, was ich glaube?»

Ich höre auf zu tippen, fasse mich an die Nase und schüttle sachte den Kopf, obwohl ich natürlich genau weiß, was jetzt kommt.

«Ich glaube, du bist gar nicht schüchtern! Ich glaube, du wirfst dich hier nur kokett in Bescheidenheitspose, weil du glaubst, dass sich die Bekenntnisse eines Schüchternen besser verkaufen als, sagen wir, die Bekenntnisse eines arroganten Arschlochs.»

Babajaga ist aufgesprungen und fuchtelt erregt mit einer silbernen Zigarettenspitze vor meiner Nase herum.

«Aber erstens ist das ein Trugschluss, mein Lieber, die Bekenntnisse eines arroganten Arschlochs, von Felix Krull bis Dieter Bohlen, waren schon immer interessanter und verkaufsträchtiger als so ein selbstmitleidiger Quatsch. Und zweitens ist dieses ganze Buch hier doch ein einziger performativer Widerspruch! Du bist doch selbst nur ein kleiner Spekulant in der Ökonomie der Aufmerksamkeit, ein Profiteur des mentalen Kapitalismus, ein…»

«Jaja!», unterbreche ich mein besserwisserisches Über-Ich: «Du hast vorhin bei meiner großen kulturpessimistischen Jeremiade ganz toll mitgeschrieben und versuchst jetzt, mich mit meinen eigenen Argumenten zu schlagen.»

Aber andererseits hast du natürlich recht, denke ich: Ich frage mich manchmal ja auch, wie sich die Behauptung, dass ich schüchtern bin, eigentlich mit dem Verfassen dieses Buchs vereinbaren lässt. Kann man zugleich zurückhaltend sein und darüber schreiben? Wie kann man seine Kommunikationsprobleme kommunizieren? Bin ich, ganz grundsätzlich gefragt, tatsächlich schüchtern?

Peinliche Befragung Ich sitze auf einem Klappstuhl aus Metall. Vor mir steht ein Tisch, die Platte ist aus schmutzigweißem Kunststoff, darauf steht ein Pappbecher, dem Geruch nach zu urteilen enthält er schlechten Kaffee. Auf der anderen Seite des Tischs, etwa einen Meter von mir entfernt, sitzt Agentin Babajaga. Sie ist noch stärker geschminkt als sonst, ihre Augenbrauen sind gezupft und durch einen Kajalstrich ersetzt worden, ihre ochsenblutroten Haare sind frisch gefärbt und korrespondieren aufs Erschreckendste mit ihrem Lippenstift. Die Wand hinter ihrem Rücken ist von einem riesigen Spiegel bedeckt. Natürlich ist der Spiegel von hinten durchsichtig, auf der anderen Seite sitzen meine Eltern, mein Bruder, meine Onkel und Tanten, ein paar ehemalige Lehrer, mein Doktorvater, ehemalige Kommilitonen und Klassenkameraden, der inzwischen verstorbene Dirigent meines Knabenchors sowie eine unbestimmte Anzahl interessierter Leserinnen und Leser – ich kann sie nicht sehen, weiß aber, dass sie da sind.

Eine Rauchwolke kräuselt sich zur Decke; als ich den Kopf wieder senke, sehe ich, dass sie aus Babajagas Mund kommt. Während ich mich noch darüber wundere, dass mein Über-Ich raucht, hat Babajaga ihren silbernen Zigarettenhalter schon wieder an die Lippen geführt, tief inhaliert und mir den Inhalt ihrer Lungen in die tränenden Augen geblasen. «Soso, Freundchen», sagt sie, «du willst also schüchtern sein.»

«Ich will nicht», protestiere ich. «Ich bin's.»

Babajaga stößt verächtlich Luft durch die Nase, klemmt sich den Zigarettenhalter zwischen die Zähne und lehnt sich zurück. «Dann lass mal hören.»

Natürlich bin ich mir manchmal unsicher, ob ich denn befugt bin, ein Buch wie das vorliegende zu schreiben. Wie passt meine vermeintliche Befangenheit mit der Selbstdarstellung, die ich bisweilen auf Bühnen und nicht zuletzt auf diesen Seiten hier betreibe, zusammen? Am nagendsten wurden diese Zweifel, als ich Gelegenheit bekam, mich im Rahmen einer psychologischen Studie als verschrecktes Versuchskaninchen zur Verfügung zu stellen.

Der gelbe Zettel stach mir schon von weitem ins Auge, er hing an der Fußgängerampel vor meinem Haus: «Fühlen Sie sich in sozialen Situationen sehr unwohl?», stand da in großen Lettern zu lesen, und darunter: «Empfinden Sie in sozialen oder Leistungssituationen starke und anhaltende Angst? Befürchten Sie in solchen Situationen, dass Sie sich peinlich oder unangemessen verhalten könnten? Vermeiden Sie solche Situationen deswegen regelmäßig? Falls Sie einige dieser Fragen mit ‹Ja› beantwortet haben, erfüllen Sie eventuell die Voraussetzungen, an einer Forschungsstudie im Fachbereich Psychologie teilzunehmen.» Ja, dachte ich: Ja. Ja. Ja. Ich blickte mich unauffällig um, um sicherzugehen, dass mich auch niemand beobachtete, dann riss ich schnell einen der Zettel mit der Telefonnummer und E-Mail-Adresse des Instituts ab, die am unteren Ende des Blatts einen Bart aus Papierschnipseln bildeten.

Doch kaum hatte ich den Zettel in meiner Hosentasche verschwinden lassen, packten mich auch schon die ersten Zweifel. Zum einen konnte ich mir absolut nicht vorstellen, mich telefonisch unter der angegebenen Nummer zu melden; der tonganische Häuptling hatte wieder ganze Arbeit geleistet. Zum anderen hatte ich aber auch Hemmungen, mich per E-Mail an das Institut zu wenden, da ich befürchtete, es könnte sich bei dem Aushang – trotz des Logos der Universität in der oberen rechten Ecke, trotz der seriös wirkenden Formulierungen, trotz der Beteuerung, dass alle Informationen «absolut vertraulich» behandelt würden – um das Werk eines raffinierten Betrügers handeln, der auf diesem Weg an die Kontaktdaten möglichst vieler Menschen zu gelangen trachtete; zumal an die Daten von Menschen, die von sich selbst behaupteten, sozial inkompetent und ergo vermutlich besonders leicht beeinflussbar zu sein. Und selbst wenn der Zettel echt sein sollte: War es nicht ein innerer Widerspruch, per öffentlichem Aushang nach auskunftsfreudigen Sozialphobikern zu suchen? Welcher wahrhaft Schüchterne würde sich schon auf einen solchen Aushang hin melden? Disqualifizierte ich mich für die fragliche Studie nicht gerade dadurch, dass ich mich für sie bewarb? Wurden also womöglich nur Menschen als Probanden ausgewählt, die sich vor lauter Schüchternheit *nicht* bewarben?

Nachdem ich diese Fragen eine Woche lang in meinem Herzen bewegt und den zunehmend unleserlich werdenden Zettel in meiner Hosentasche herumgetragen hatte, kam ich endlich zu dem Schluss, dass es sich

a) bei dem Aushang um eine seriöse Suchanfrage und
b) bei mir um einen ernstzunehmenden Kandidaten handelte.

Denn war nicht gerade die ständige, peinliche Selbstbefragung, und mithin auch meine Unsicherheit, ob ich schüchtern sei, ein untrügliches Anzeichen von Schüchternheit? Ja wenn ich es recht bedachte, war ich womöglich nicht nur ein ernstzunehmender, sondern geradezu ein idealer Kandidat: Schließlich war ich zwar schüchtern genug, um eine harmlose E-Mail tagelang furchtsam hinauszuzögern – aber doch wieder nicht so schüchtern, dass ich sie *überhaupt* nicht schreiben würde. Vielleicht bewohnte ich ja als einer von wenigen Erwählten jenen schmalen Grat, der zwischen der Welt der gerade-nochmitteilsamen Schüchternen und jener der komplett kommunikationsunfähigen Sozialphobiker verläuft. Vielleicht konnte ich der Wissenschaft gute Dienste leisten! Als ich endlich die E-Mail verfasst und nach dreimaligem Gegenlesen auf den Send-Button gedrückt hatte, fühlte ich mich, als hätte ich gerade dem Organtransplantationszentrum der Universität meine Leber vermacht.

Trotzdem ließ mich die Angst, ich könnte als Hochstapler entlarvt und in hohem Bogen aus dem Untersuchungslabor geworfen werden, während der zweitägigen ‹Testung›, der ich mich einige Wochen später am Psychologischen Institut einer Berliner Universität unterzog, nicht mehr los. Jeden Moment rechnete ich damit, dass die verdächtig freundlich wirkende Versuchsleiterin mir die Maske vom Gesicht reißen und zurufen könnte: «Ha! Sie sind entlarvt! Sie sind überhaupt nicht schüchtern! Sie fühlen sich in sozialen Situationen doch pudelwohl!»

Am schlimmsten waren meine Ängste während jenes Abschnitts der Versuchsreihe, bei dem offenbar getestet werden sollte, wie ich auf Strafe oder zumindest die Möglichkeit von Bestrafung reagiere – eine Kategorie, die für Schüchterne eine wichtige Rolle spielt, schließlich befürchten sie, auch wenn sie nichts Unrechtes getan haben, andauernd empfindliche Sanktionen. Für diesen Versuch wurde ich an mehrere Elektroden angeschlossen: zwei an der linken Hand, welche die Leitfähigkeit meiner Haut und damit vermutlich mein Stresslevel registrieren sollten. Und zwei am Zeigefinger der rechten Hand: Durch sie wurden mir in regelmäßigen Abständen kleine Elektroschocks verabreicht, die, so die Versuchsleiterin, zwar «unangenehm sein, aber keine Schmerzen verursachen» sollten. Dann wurde ich im Laborraum allein gelassen und musste mir dreißig Minuten lang die immer gleichen zwei Fotos anschauen, die abwechselnd auf einem Bildschirm vor mir eingeblendet wurden. Schnell wurde mir klar, dass dies eine sehr lange, sehr unangenehme halbe Stunde werden würde.

Schlimm waren nicht so sehr die Stromschläge, die ich alle paar Minuten erhielt – schlimm war die bodenlose Tristesse des Büro-Interieurs, das auf den Fotos zu sehen war: Anscheinend war dem Psychologen, der die Studie entworfen hatte, nichts Besseres eingefallen, als für die Versuchsreihe seinen eigenen trostlosen Bildschirmarbeitsplatz abzulichten. Man sah einen Computer, man sah ein Regal aus billigem Furnierholz, man sah einen Stapel psychologischer Standardwerke. Das einzige, was sich gelegentlich veränderte, war die Farbe des Lichts, das aus der Schreibtischlampe strömte; offenbar waren die Bilder notdürftig mit Fotoshop manipuliert worden. Zuerst war das Licht weiß –, nach etwa einer halben Minute wechselte es zu blau – und schließlich wurde es rot. Wenn das rote Licht leuchtete, dann, das hatte ich schnell verstanden, erhielt ich etwa zehn Sekunden später einen elektrischen Schlag.

Irgendwann blieben die Stromschläge jedoch aus: blau, weiß, rot – nichts. Ich hätte mich freuen können, doch stattdessen wurde ich misstrauisch. Wahrscheinlich, dachte ich, wollen sie mich in Sicherheit wiegen (man beachte, dass ich begann, die alleine im angrenzenden Raum sitzende Versuchsleiterin durch ein abstraktes Pluralpronomen zu ersetzen – gerade so, als handelte es sich bei dem Test um eine Verschwörung, mit einer Vielzahl von Strippenziehern im Hintergrund). Wahrscheinlich warteten *sie* nur darauf, dass ich meine Deckung sinken ließ, dass ich mich entspannte, nur um mir dann aus dem Hinterhalt eine gigantische Stromladung zu verpassen. Menschen, die ihre Tage an solch grauenhaften Bildschirmarbeitsplätzen zubrachten, traute ich alles zu. Zumal mich der Verdacht beschlich, dass sich vor allem solche Menschen für Psychologie interessieren (und ergo später als experimentelle Psychologen enden), bei denen selbst ein paar Renovierungsarbeiten im Dachgeschoss anstehen; so wie Jugendliche, die ein kaputtes Mofa haben, beim Reparieren ihre Liebe zum Verbrennungsmotor entdecken und deshalb später Mechaniker werden.

Ich musste an das berüchtigte Milgram-Experiment aus den Sechzigerjahren denken, bei dem ganz gewöhnliche Bürger im Rahmen einer verhaltenspsychologischen Studie dazu überredet wurden, ihre Mitmenschen zu elektrifizieren. War womöglich gar nicht *ich* das Objekt dieses Versuchs, sondern die Versuchsleiterin? Hatte sie sich vielleicht auf einen ganz ähnlichen Aushang hin gemeldet wie ich: «Empfinden Sie in sozialen oder Leistungssituationen starke und anhaltende Gewaltphantasien? Befürchten Sie in solchen Situationen, dass Sie sich grausam oder unmenschlich verhalten könnten?» Sollte überprüft werden, wie lange sie mich in Ungewissheit schmoren lassen, wie weit sie den Spannungsregler nach rechts drehen – wie kaltblütig sie mich schließlich mit einem Druck auf den roten Knopf in einen Goldbroiler verwandeln würde?

Das Öffnen der Labortür unterbrach meine ungehörigen Gedanken. Die Elektroden wurden entfernt, die Versuchsleiterin lächelte freundlich, und die fachkundige Art, mit der sie mich durch den anschließenden Teil der Testung, einen zweihundert Punkte umfassenden Fragekatalog, geleitete, überzeugte mich restlos, dass es sich bei ihr tatsächlich um eine Psychologin und nicht etwa um eine gewaltbereite Psychopathin handelte. «Bitte geben Sie auf einer Skala von 1 bis 5 an, wie sehr Sie den folgenden Aussagen zustimmen: 1 = stimme gar nicht zu. 5 = stimme voll und ganz zu.»

Es fällt mir schwer, meine wahren Gefühle zu zeigen. 5.

Ich kann nur schwer Nein sagen. 5.

Ich finde es wichtig, andere nicht zu enttäuschen. 5.

Ich versuche in sozialen Situationen herauszufinden, was von mir verlangt wird, und verhalte mich dann entsprechend. 5.

Trotzdem hatte ich weiterhin meine Zweifel – nicht an der Versuchsleiterin, sondern an der Validität der Ergebnisse, die ich ihr mit meinen Reaktionen und Antworten lieferte. Mir wurde nämlich klar, dass ich im selben Maß, in dem ich der Psychologin den aus schlechten Filmen zusammengeschusterten Part einer Folter-Domina zugewiesen hatte, begonnen hatte, selbst auch eine Rolle zu spielen: die des schüchternen

Probanden. Als wäre der Zettel, auf den hin ich mich gemeldet hatte, eine Stellenausschreibung gewesen, und soziales Unwohlsein eine Schlüsselqualifikation, die ich nun unbedingt unter Beweis stellen müsste. Ich war so bemüht, die Erwartungshaltungen, die ich der Versuchsleiterin unterstellte, zu erfüllen, dass ich irgendwann nicht mehr wusste, welche Antworten tatsächlich meinem Charakter entsprachen und welche ich nur gab, um meine Rolle als Schüchterner überzeugend zu spielen. Es schien mir sogar möglich, dass ich bei dem vorangegangenen Elektroschock-Test nur deshalb so geschwitzt hatte, weil ich – unbewusst, psychosomatisch – die Leitfähigkeit meiner Haut verbessern und meine Stressmesswerte nach oben treiben wollte.

Ich finde es wichtig, andere nicht zu enttäuschen. Ich versuche in sozialen Situationen herauszufinden, was von mir verlangt wird, und verhalte mich dann entsprechend.

Gut möglich, dass dieser vorauseilende Verhaltensgehorsam ein Beweis meiner tiefgreifenden Unsicherheit ist – aber ich konnte mich doch des Verdachts nicht erwehren, dass die Forschungsstudie, der ich mich unterzog, die Phobie, die sie untersuchen wollte, zumindest teilweise erst erzeugte. Natürlich bin ich schüchtern – aber doch nicht annähernd so sozialphobisch, wie ich …

«Bevor du dich weiter um Kopf und Kragen redest – darf ich dich gaaanz kurz etwas fragen?», unterbricht mich Agentin Babajaga sanft, aber bestimmt, und legt die kalten Finger ihrer rechten Hand mitfühlend auf meine. Ich blicke vom Tisch auf, dessen zerkratzte Oberfläche ich während meines Monologs studiert habe, und nicke – wie sollte ich meinem Über-Ich auch irgendetwas abschlagen können?

«Hast du dich schon mal selbst auf der Bühne gesehen?» Babajaga schaut mir tief in die Augen. Ich schüttele den Kopf. Mein Gegenüber nickt vielsagend und seufzt. «Ich nämlich schon.»

Mit einer Behendigkeit, die ich ihr nicht zugetraut hätte, springt Agentin Babajaga unvermittelt von ihrem Klappstuhl auf, stellt sich etwas zu breitbeinig hin, so wie ich das bei Auftritten auch immer mache, ergreift ihre silberne Zigarettenspitze, als wäre sie ein Mikrophon, und singt mit windschiefer Stimme gegen das brennende Ende der Kippe:

«Ich bin so schüchtern,

Sch-sch-sch-schüchtern…»

Ihre Stimme klingt grauenhaft, ist aber meiner, wie ich mit wachsendem Entsetzen feststellen muss, nicht unähnlich. Ja wenn ich es recht bedenke, singt Agentin Babajaga genau wie ich. Sie sieht mir auch, wenn man sich die rotgefärbten Haare und den Lippenstift wegdenkt, verblüffend ähnlich. Und diese Marotte, den Kopf schief zu legen, kokett die Augen niederzuschlagen und dann wieder rechtzeitig zum Beginn der nächsten Strophe den Blick nach vorn zu richten, die hat sie auch von mir.

«Ich sag's ganz nüchtern:

Ich bin so schüchtern…»

Der Text ist dämlich, der Klang schrecklich, und auch der Anblick ist alles andere als schön. Wenn ich auf der Bühne genauso peinlich wirke wie Agentin Babajaga, dann, das schwöre ich, will ich nie, nie, nie wieder öffentlich auftreten. Keine Lesungen, keine Konzerte, nichts. Wie konnte ich mich überhaupt jemals zu solchen Schamlosigkeiten hinreißen lassen? Welcher Teufel hat mich dazu getrieben, mich, meiner Scheu und Schüchternheit zum Trotz, immer wieder dergestalt zu exponieren?

Tatsächlich verfüge ich über die Angewohnheit, mich in gut ausgeleuchtete Bühnensituationen zu begeben und dort dann Dinge zu tun, für die ich mich im ‹richtigen› Leben entsetzlich schämen würde – ja die in gewöhnlichen sozialen Situationen zu tun ich nicht einmal ansatzweise in Erwägung ziehen würde. Mittelprächtig Bratsche zu spielen oder fragwürdige Verse aufzusagen, gehört dabei noch zu den lässlicheren Sünden. Peinlicher war da schon jener Videofilm, den ich mit Kommilitonen im dritten Semester Germanistik drehte, und in dem ich nach Prostituiertenart geschminkt und mit nichts als der Reizwäsche einer brasilianischen Mitstudentin bekleidet durch die Szenen turnte. Oder der Auftritt auf der Berliner Kunstmesse Art Forum, wo ich im Auftrag einer Gender-dekonstruktivistischen Kostümkünstlerin stundenlang flimsige Kleidchen zur Schau trug, die aus durchsichtigem rosafarbenem Stoff genäht und mit unzähligen Busen- und Vulva-Applikationen behängt waren.

Auch jene Performance, bei der ich meinen Bratschenbogen mit einer Handsäge vertauschte und so lange auf einer billigen Geige das Bach-Doppelkonzert spielte, bis von dem Instrument nur noch Holzsplitter und ein paar zerfetzte Saiten übrig waren, trug mir unter kammermusikalisch interessierten Bekannten wenig Begeisterung ein. Es ist wohl kaum nötig zu erwähnen, dass ich solche Aggressionen gegen die mir anvertraute Bratsche zwar schon häufiger gehegt, aber niemals offen ausgelebt habe. Die arme Violine war nur ein Stellvertreter, der Sündenbock, der für ein anderes Instrument herhalten musste. Und auch ‹ich› war, wenn ich ein unschuldiges Streichinstrument malträtierte oder in Frauenkleidern durch Seminararbeiten oder das Berliner Messegelände stolperte, natürlich nicht ich selbst.

Wie erwähnt, lassen sich soziale Begegnungen im Begriffssystem einer Theateraufführung fassen: Wir sind demzufolge nichts weiter als Darsteller auf einer gesellschaftlichen Bühne und füllen bestimmte Rollen aus, die durch die jeweilige Szene sowie von der Gesellschaft geprägte dramaturgische Konventionen vorgegeben sind. Um es mit einem geflügelten Shakespeare-Wort zu sagen: «All the world's a stage, / And all the men and women merely players». Schüchternheit resultiert nun gerade aus dem Gefühl, dass man seine Rolle nicht glaubwürdig ausfüllen zu können meint, dass man befürchtet, jeden Augenblick von der Bühne gebuht, verlacht oder zumindest hinter vorgehaltener Hand belächelt zu werden; um es mit einem anderen Aperçu, diesmal von Oscar Wilde, zu sagen: «The world is a stage, but the play is badly cast» – die Welt mag eine Bühne sein, aber das Stück, das darauf gespielt wird, ist schlecht besetzt.

‹Echte› Theateraufführungen, Lesungen und Performances unterscheiden sich nun von sozialen Auftritten im täglichen Leben darin, dass sie für alle Beteiligten – Darsteller und Zuschauer gleichermaßen – als uneigentlich, künstlich, eben als *Aufführung* erkennbar sind: Niemand glaubt ernsthaft, dass der Schauspieler, der den Ödipus spielt, mit seiner Mutter schläft, oder dass der Geisterbahnrocker Alice Cooper echten Fledermäusen den Kopf abbeißt. Nicht einmal meine dreijährige Tochter lässt sich vormachen, dass das Krokodil wirkliche Schmerzen empfindet, wenn es vom Kasper eins auf den Schädel gehauen bekommt.

Für sozial Ängstliche hat diese Übereinkunft, dass alles, was im Rahmen einer Aufführung passiert, nur im Modus des Als-ob geschieht, einen großen Vorteil: Sie werden, wenn sie auf der Bühne stehen, nur anhand ihrer künstlerischen Leistung beurteilt, nicht aufgrund ihrer sozialen Rollenperformance. Das Urteil, welches das Publikum über sie fällt, betrifft nur ihr fiktionales Handeln und nicht wie im Alltag (dies ist die vielleicht größte Angst des Schüchternen) ihre ganze Person. Da sie sich sowieso ständig beobachtet fühlen und der Rollenhaftigkeit ihres Tuns in besonderem Maße bewusst sind, treten sie gewissermaßen nur von einer Bühne auf die nächste, vom *theatrum mundi* auf ein klar abgegrenztes *theatrum*.

Es fällt mir daher vergleichsweise leicht, bei öffentlichen Auftritten gerade und besonders Dinge zu tun, die ich außerhalb einer Bühne nie und nimmer tun würde. Denn zum einen entgehe ich so der Gefahr, dass meine öffentliche *persona*, mein Bühnen-Ich, mit einem meiner privaten Ichs verwechselt werden könnte. Zum zweiten bietet der Rahmen einer Aufführung willkommene Gelegenheit, Gefühle und Handlungen zu erproben, die mir sonst verschlossen blieben: «Und dann konnte er auf dem Theater alles sein, wozu er in der wirklichen Welt nie Gelegenheit hatte», heißt es entsprechend in Karl Philipp Moritz' Roman über den schüchternen Anton Reiser; «wie schmachtete er, diese Empfindungen, die ihm so natürlich zu sein schienen, [...] nur einmal durch ein kurzes, täuschendes Spiel der Phantasie in sich wirklich zu machen». Und zum dritten und letzten hege ich vermutlich insgeheim die Hoffnung, durch die kurzfristige äußere Peinlichkeit, der ich mich bei solchen Auftritten aussetze, meine tiefsitzende Schüchternheit überspielen, also gewissermaßen Feuer mit Feuer bekämpfen zu können.

Es handelt sich hierbei um ein altbekanntes Phänomen – das britische *musical comedy*-Duo Flanders & Swann etwa besang es schon in den 1960er Jahren in dem Song «Twice Shy». Er beschreibt, wie eine dürftig bekleidete Dame einen ehrwürdigen Londoner Klub betritt, dort ohne zu zögern auf den nächstbesten Tisch springt, vor versammelten Gästen auf einer Geige herumkratzt, sich den Zobelpelz vom Hals reißt und auch sonst alles tut, um irgendwie aufzufallen – woraufhin ein älterer Gentleman nur entschuldigend sagt, sie tue das alles ja nur, um ihre abgrundtiefe Schüchternheit zu kompensieren:

She's shy, so shy
We know the reason why
Though her private life is a public mess
And she's written a book called I Confess
Still she looks quite sweet in her topless dress
And underneath she's shy
She's really dreadfully shy.

Psychologen kennen für ein solches Betragen den schönen Ausdruck des ‹kontraphobischen Verhaltens›. «Da internalisierte Scham gewöhnlich viel archaischer und zwingender als ‹realistische› Scham [...] ist, kann die äußere Scham dazu benutzt werden, um gegen die viel bedrohlichere innere Scham zu schützen», schreibt der Psychoanalytiker Léon Wurmser: «Situationen im äußeren Leben, in denen Demütigung erwartet und provoziert wird, können daher aktiv herbeigeführt werden, um die viel verheerenderen und tiefergehenden Gefühle von Unwert nicht empfinden zu müssen.» Wer sich aus freien Stücken und unter selbstgezimmerten Rahmenbedingungen der vorübergehenden Blamage preisgibt, der kann, zumindest für kurze Zeit, seine chronische Schamhaftigkeit und Selbstunsicherheit verdrängen.

Das äußere Auftreten des sozial Ängstlichen verhielte sich demnach gerade umgekehrt zu seinem eigentlichen Wesen (so man denn in unserer postmodernen Zeit noch an ein solches zu glauben geneigt ist) – gerade die ärgsten Exhibitionisten wären demzufolge in ihrem Innern die allerschüchternsten Menschen. Dies mag paradox erscheinen, könnte aber erklären, weshalb ausgerechnet Hollywoodschauspieler und Rockstars – Menschen also, die sich von Berufs wegen tagaus, tagein vor einer globalen Öffentlichkeit exhibitionieren – immer wieder behaupten, in ihrer Jugend ausgeprägt schüchtern gewesen zu sein. Bei einem notorischen Nervenbündel wie Woody Allen oder dem spindeligen Sänger Michael Stipe mag ein solches Bekenntnis zur Sozialangst nicht weiter überraschen – bei Alpha-Männern wie Robert De Niro, Tom Cruise oder Richard Gere hingegen schon. Selbst der testosterontriefende James-Bond-Darsteller Daniel Craig verkündete unlängst in einem Interview mit der ZEIT: «Echte Helden sind schüchtern.» Und ...

«Den Trick kenne ich», sagt Agentin Babajaga, wedelt eine Rauchschwade beiseite und gähnt: «*Fair is foul, and foul is fair.* Schönheit liegt im Auge des Betrachters. Es ist ein Teilchen, es ist eine Welle. Bla bla bla. Mit dieser Masche, mein Lieber, kannst du so ziemlich *alles* erklären, und mit einem Mal sind alle arroganten Arschlöcher schüchtern und alle Schüchternen arrogante Arschlöcher, und ich bin die Kaiserin von China. *Gan bei!* Prost!» Sie formt die Rechte zur hohlen Hand und tut so, als würde sie mit mir anstoßen.

«Und sag mal, habe ich das richtig verstanden?» Babajaga lässt sich in ihren Stuhl zurücksinken. «Hast du dich eben tatsächlich, so en passant und durch die Blume, mit Robert De Niro und Tom Cruise verglichen? Weil ihr alle miteinander so schrecklich schüchtern seid und deshalb beherzt die Flucht nach vorn angetreten habt?»

Sie schüttelt den Kopf.

«Nur leider hast du es, trotz all deiner Schüchternheit, die dich ja eigentlich zum Leinwandhelden prädestinieren müsste, bloß zum Bücherschreiber gebracht. Und jetzt lässt du hier schamlos die Hüllen fallen. Handelt es sich dabei eigentlich auch um, wie nanntest du es eben so schwülstig, kontraphobisches Verhalten?»

Aua, denke ich. Mein Über-Ich legt seine frisch lackierten Fingernägel heute aber auch wirklich in jede offene Wunde.

Dabei ist die Antwort auf diese Frage eigentlich recht einfach: Ein Buch, die Schrift, die nicht-gesprochene Sprache ist der ideale Aufenthaltsort für den Schüchternen schlechthin. Das Gespräch mit dem Computer – oder früher dem Gänsekiel, dem Füllfederhalter oder der Schreibmaschine – befreit den Sozialängstlichen nämlich von dem Druck, sich dem Tempo, der Lautstärke und der schieren Präsenz der verbalen Kommunikation anpassen zu müssen.

Was er dabei genau schreibt, ist zunächst einmal nebensächlich – entscheidend ist, dass er nicht sprechen muss, dass er während des kommunikativen Vorgangs mit sich und seinen Worten allein ist. Der Schüchterne gräbt beim Schreiben, um eine Formulierung von Franz Kafka zu verwenden, gewissermaßen einen «Schacht von Babel». Während der Turmbau im biblischen Gleichnis ein immer größeres Stimmengewirr und eine zunehmende Sprachverwirrung mit sich bringt, führt der Schacht, so würde ich dieses rätselhafte Kafka-Wort deuten, in die genau entgegengesetzte Richtung, fort von der kommunikativen Zersplitterung, fort vom polyphonen Palaver der Menge, hin zu einer Sprache, die ganz bei sich selbst und dem Schreibenden ist – einer Sprache, die so schnell von den engen Wänden des Schachts widerhallt, dass ihr Echo von der eigentlichen sprachlichen Äußerung nicht zu unterscheiden ist.

Wer einen Schacht von Babel gräbt, der muss also gar nicht sprechen, sondern kann ebenso gut schweigen und schreiben. Er kann sich soviel Zeit lassen, wie er benötigt und will, um einen Gedanken zu verfertigen; er kann ihn in aller Ruhe notieren; er kann ihn präzisieren, ihm Nachdruck verleihen oder, dies ist bei Schüchternen vermutlich der häufigere Fall, ihn entschärfen. Er kann sogar alles wieder zurücknehmen und löschen, bevor ein anderer es gelesen hat. «Schreiben ist [...] das einzige Mittel, die Rede zu schützen oder sie wieder einzufangen», so Jacques Derrida. Wie viele geharnischte E-Mails, in denen ich meiner Mitwelt nach Kräften die Meinung sage, habe ich schon unversandt in den Tiefen des digitalen Papierkorbs versenkt! Die Delete-Taste ist das wichtigste Kommunikationswerkzeug des Schüchternen; der Satz «Möchten Sie alle diese Elemente wirklich unwiderruflich löschen?» eine Frage, die er nur allzu leichten Herzens mit Ja beantwortet.

Und selbst wenn der Schüchterne sich überwindet, seine Worte mit der Öffentlichkeit zu teilen, verhält er sich dabei doch vergleichsweise zurückhaltend: Er überrumpelt und umspült seine Kommunikationspartner nicht mit den Schallwellen seiner Stimme, sondern überlässt es ihnen selbst, wann, wo und ob sie überhaupt seine Botschaft empfangen wollen. Die Schrift ist verhalten, zwischen Seiten versteckt, in stummen Buchstaben fixiert. Wer etwas von ihr erfahren will, muss sie erst einmal aus der Reserve locken. Auch die geschriebene Sprache ist schüchtern.

Während ich hier am Computer sitze und wortlos meine Erinnerungen befrage, fällt mir auf, wie früh ich mich schon nach einem Leben unter stummen Buchstaben gesehnt habe. Wenn mich mein Gedächtnis nicht trügt, war mein erster Berufswunsch nicht etwa Fußballer, Feuerwehrmann oder Lokomotivführer, sondern Lexikonherausgeber. Bereits in der ersten oder zweiten Klasse träumte ich davon, eine Liste sämtlicher Wörter anzulegen, die mir bekannt waren, ja die es überhaupt gibt (ein Unterschied, der mir damals kaum der Rede wert zu sein schien). Vor meinem inneren Auge sah ich mich stumm vor linierten DIN A5-Heften sitzen und Seite für Seite mit Wörtern füllen; dass sich irgendjemand vor mir schon einmal diese Mühe gemacht haben könnte, erschien mir unwahrscheinlich (man stelle sich mein Entsetzen vor, als ich zum ersten Mal ein Exemplar des *Großen Brockhaus* erblickte).

Hätte ich damals schon Herman Melvilles Erzählung «Bartleby the Scrivener» gekannt, hätte ich mich sicherlich in der Figur des sonderbaren Schreibers wiedergefunden, der den Großteil seines Lebens in einem «Dead Letter Office» zugebracht hat. Der Ausdruck *dead letter* beschreibt zunächst einmal nichts weiter als einen unzustellbaren Brief – er kann aber auch ‹toter Buchstabe› bedeuten. Der einsame, eigenbrötlerische Schreiber hätte sein Dasein demnach mit nichts als der Verwaltung lebloser Schriftzeichen zugebracht. Kein Wunder, dass er sich standhaft weigert, seinen Arbeitsplatz zu verlassen: Sein Schreibtisch ist ihm zur Heimat geworden, die stummen Lettern zur einzigen Gesellschaft; als er gewaltsam aus seinem Büro entfernt wird, hört er konsequenterweise auch auf zu essen und geht bald wortlos zu Grunde. Als der Erzähler Bartlebys leblosen Körper findet, liegt dieser merkwürdig gekrümmt auf der Seite, die Knie hochgezogen, wie eine Hieroglyphe; als wäre Bartleby selbst zu einem Schriftzeichen geworden.

Auch wenn mir ein solch einsames Ende nach Möglichkeit erspart bleiben möge, übt die unaufdringliche Natur toter Buchstaben doch seit jeher eine große Faszination auf mich aus – kein Wunder, dass ich nach der Grundschule ein humanistisches Gymnasium besuchte, wo man mit Lateinisch, Altgriechisch und Hebräisch gleich drei tote Sprachen auf einmal erlernen konnte. Lebende Sprachen waren mir hingegen – mit Ausnahme des Englischen, das ich nach drei Jahren im englischsprachigen Ausland wenigstens passabel zu beherrschen glaube – immer etwas zu quirlig: Zu groß schien mir die Gefahr, mich durch die Wahl eines falschen Worts zu blamieren, zu unkalkulierbar das Risiko, aufgrund der fehlerhaften Aussprache eines Nasals oder der Unfähigkeit, das alveolare R zu rollen, verlacht zu werden. Vor ein paar Jahren machte ich zwar noch einmal den halbherzigen Versuch, im Rahmen eines dreiwöchigen Intensivkurses Spanisch zu lernen. Doch in der Sprachschule in Salamanca brachte ich, obwohl ich mit der Grammatik und dem Vokabular leidlich vertraut war, kaum je ein Wort über die Lippen. Die Sache wurde dadurch nicht einfacher, dass unsere Spanischlehrerin die Angewohnheit hatte, sich während des Unterrichts bei ihren Schützlingen, vermutlich um iberische Lebensfreude zu vermitteln, vor versammelter Klasse auf den Schoß zu setzen, bevor sie dem dergestalt Eingekeilten eine Frage stellte. Leider war es mir unter diesen Bedingungen – von zwanzig Augenpaaren beobachtet, eine attraktive Frau auf dem Schoß, in ständiger Angst vor einer *erección* – vollkommen unmöglich, auch nur die einfachsten Fragen, etwa nach meiner Lieblingsfarbe oder der Hauptstadt von Spanien, sinngemäß zu beantworten.

Vermutlich ist dies der Grund, weshalb ich im Spanischen nie über ein paar Rucksacktouristenfloskeln und dämliche Manu-Chao-Phrasen hinausgekommen bin («¡Hola! Me llamo Florian y me gusta marihuana»), während ich zum Beispiel im Lateinischen, das den modernen romanischen Sprachen ja nicht ganz unähnlich ist, immer sehr gut war. Undenkbar, dass man auf Lateinisch je ein Gespräch mit einem wildfremden Menschen führen müsste. Undenkbar, dass unser ehemaliger Lateinlehrer, Herr Dr. Sauer, sich je bei einem Schüler oder einer Schülerin auf den Schoß gesetzt hätte, bevor er die Stammformen von *ferre* abfragte. Und erst die wohltuende, germanenknochentrockene Sprödigkeit der Texte, die wir übersetzten: «Nachdem sie diese Dinge getan hatten, brachten sie die vorgeschriebenen Opfer dar, auf dass sie nicht der ihnen obliegenden Pflichten für säumig befunden werden könnten…» Manche Autoren schrieben ja sogar von sich und ihren Taten in der dritten Person! Das war eine Art der Distanz zum eigenen Ich, die mir unmittelbar einleuchtete. Tote Sprachen, niedergeschrieben in toten Buchstaben, sind für uns Schüchterne eigentlich wie geschaffen. Es ist ein Wunder, dass wir nicht alle auf Latein – die Wörter auf Zettel gekritzelt oder auf die Displays unserer Mobiltelefone getippt – mit unseren Mitmenschen kommunizieren.

Quid fit? Was geht?
Frequentasne hunc locum? Kommst du öfters hierher?
Visne saltare? Hast du Lust zu tanzen?
Da mihi sis cervisiam. Bitte ein Bier.

Natürlich ist diese Verknüpfung von Schüchternheit und Schriftlichkeit nicht auf meinem bescheidenen Mist gewachsen, sondern vermutlich so alt wie die Schüchternheit selbst. Ihre Geschichte beginnt mit der Moderne, namentlich mit Jean-Jacques Rousseau, der einmal über den Ursprung seiner Existenz – seine Mutter starb kurz nach der Entbindung – in vollendeter Selbstnegation urteilte: «Nach zehn Monaten wurde ich krank und schwächlich geboren, kostete meiner Mutter das Leben, und meine Geburt war mein erstes Unglück.»

Tatsächlich scheint Rousseau, zumindest wenn man seinen autobiographischen Schriften Glauben schenken möchte, ein überaus schüchterner Mensch gewesen zu sein. So attestiert er sich selbst eine «angeborene Schüchternheit» sowie ein «zaghafte[s] Gemüt», bezeichnet sich als «blöde[n] Liebhaber» und beklagt, dass «Scham oder Schüchternheit» ihm immer wieder unversehens «Lügen eingeben, die wegen der dringenden Notwendigkeit einer sofortigen Antwort meinem Willen sozusagen vorauseilen». Da seine zurückhaltende Natur ihn vom Formulieren schlagfertiger Antworten abhält, flüchtet sich Rousseau bei Gesprächen notgedrungen in Unaufrichtigkeiten und Ausreden – vor allem aber flieht er mit zunehmendem Alter immer mehr in die Schrift. «Wie wird er [...] dem Risiko der unvorhergesehenen Rede entkommen?», fragt der Literaturwissenschaftler Jean Starobinski: «Jean-Jacques zieht es vor, *abwesend* zu sein und zu *schreiben*. Paradoxerweise wird er sich zurückziehen, um sich besser zeigen zu können. Er wird sich dem geschriebenen Wort anvertrauen.»

Nur im kontrollierten, distanzierten Medium der Schrift, schreibt Rousseau in seinen *Bekenntnissen*, habe er sich so äußern und darstellen können, wie er «in Wirklichkeit» ist. In diesem Medium war es ihm sogar möglich, sich zu Leidenschaften zu bekennen, die er zeitlebens Frau, Freunden und Liebhaberinnen gegenüber verheimlichte – nicht zuletzt seine masochistische Neigung, welche er auf die Prügelstrafen zurückführte, die er als Knabe von der Hand seiner Katechismuslehrerin empfangen durfte: «So habe ich mein Leben damit verbracht, an der Seite der Wesen, die ich am meisten liebte, zu begehren und zu schweigen.»

Bezeichnenderweise postulierte der Philosoph auch in seinen theoretischen Schriften, dass der Mensch von Natur aus ein unsoziales Wesen sei und nur außerhalb der Gesellschaft «frei, gesund, gut und glücklich» sein könne. In dem von Rousseau im zweiten *Discours* entworfenen vorhistorischen Naturzustand existiert kein Bewusstsein von Gut und Böse, Laster und Tugend, Mein und Dein und daher auch kein nagendes Gefühl des eigenen gesellschaftlichen Unwerts. Die Menschen, die in diesem im besten Sinne ‹asozialen› Zustand lebten, hatten Rousseau zufolge «keinerlei Umgang miteinander» und kannten folglich «weder Eitelkeit noch Ansehen, weder Wertschätzung noch Verachtung»: Sie waren sich ihrer selbst so wenig bewusst wie ein kleines Kind, das sich noch nicht durch die Augen seiner Mitmenschen betrachtet, und waren mithin auch noch nicht zur peinigenden, selbstaufmerksamen Schüchternheit fähig. Erst durch die zunehmende Vergesellschaftung seien die Menschen «schwach» und «furchtsam» sowie von den Blicken und Meinungen ihrer Umwelt abhängig geworden: «Der Wilde lebt in sich selbst; der gesellschaftliche Mensch ist immer außerhalb seiner selbst und weiß nur in der Meinung der anderen zu leben; und er bezieht sozusagen allein aus ihrem Urteil das Gefühl seiner eigenen Existenz.»

Im Zeitalter des Sturm und Drang sowie der Romantik erfuhr diese Glorifizierung der kindlich-wilden Einfachheit und Schlichtheit ihren Höhepunkt – und parallel dazu erhielt auch die Schüchternheit beziehungsweise Blödigkeit im deutschsprachigen Raum eine neue, bedeutende Rolle: «Den kindlichen Charakter, den das Genie in seinen Werken abdrückt, zeigt es auch in seinem Privatleben und in seinen Sitten», so Friedrich Schiller in seiner Abhandlung *Über naive und sentimentalische Dichtung*: «Es ist *schamhaft*, weil die Natur dieses immer ist [...]. Es ist *bescheiden*, ja blöde, weil das Genie immer sich selbst ein Geheimnis bleibt.» Ein blödes Betragen wurde nun zunehmend zum positiv besetzten Attribut des scheuen, der Welt abhanden gekommenen Schriftstellers; zu den Genie-Qualitäten des Dichters, schreibt Georg Stanitzek, «wird, sozusagen als Kehrseite seiner prometheischen Attribute, künftig auch Blödigkeit zu rechnen sein». Das Klischeebild des sozialscheuen Genies, das mit seinen Romanfiguren besser befreundet ist als mit Menschen aus Fleisch und Blut und sich außerhalb seiner Werke nur stammelnd äußern kann, war geboren.

Den Archetypus eines solchen schüchternen Dichters, der ganz hinter seinem Text verschwindet, stellt Cyrano de Bergerac dar – nicht die historische Persönlichkeit aus dem 17. Jahrhundert, sondern die fiktive Figur aus dem gleichnamigen romantischen Versdrama von Edmond Rostand, einem der meistgespielten französischen Dramen überhaupt, das auch als Vorlage für die populäre Verfilmung mit Gérard Depardieu diente. Der Protagonist dieses Rührstücks, der Dichter und Degenheld Cyrano, ist bei seinen Auftritten in der Pariser Gesellschaft zwar durchaus nicht blöde, sondern im Gegenteil ein rechter Draufgänger – sobald es aber darum geht, der von ihm angebeteten Roxane seine Gefühle zu offenbaren, ist er befangen wie ein pubertierender Knabe: «Vor jedem Liebestraum», gesteht er, «Ließ mich die Furcht vor Spott erbeben.»

Gemäß den psychologischen Vorstellungen der Zeit wird Cyranos Schüchternheit maßgeblich auf seine äußere Hässlichkeit, vor allem auf seine überdimensionierte Nase zurückgeführt («Das Hauptkontingent zu den Schüchternen», heißt es in einem wenige Jahre nach Rostands Erfolgsstück erschienenen Schüchternheits-Ratgeber, «stellen Personen, die mehr oder weniger körperlich degeneriert sind»). Cyranos Nebenbuhler Christian ist zwar deutlich attraktiver, aber leider ebenfalls schüchtern, da es ihm an der für die komplizierten höfischen Balzrituale notwendigen Gabe zur Rede gebricht: «Ach, um den Feind zu treffen nach Gebühr, / Reicht's wohl noch aus», beklagt er sich Cyrano gegenüber über seinen Mangel an Esprit, «Doch als ein blöder Wicht / Verstumm' ich vor den Frauen.» In bis an die Selbstkastration grenzender Opferfreudigkeit verlegt Cyrano sich fortan darauf, Christian sein eigenes dichterisches Talent zu leihen, und lebt seine Liebe fürderhin in Alexandrinern aus, die er für seinen Nebenbuhler schreibt. Selbst die Liebesschwüre, die Christian auf dem Sterbebett hinterlässt, stammen aus Cyranos Geist und Feder; erst kurz vor seinem eigenen Tod verrät Cyrano sich im Fieberwahn und gesteht Roxane seine Liebe, die zeit seines Lebens nur im Text stattfinden konnte. «Doch eher sterb' ich», hatte er schon zu Beginn des Stücks prophetisch verkündet, «Als daß ich redend ihr mein Innres zeige. / Doch schreibend – ja!»

Der Text ersetzt bei Cyrano also den Sex, der Korpus des dichterischen Werks tritt bei ihm an die Stelle der körperlichen Liebe; ja in gewisser Weise verdankt sich seine Dichtung womöglich sogar seiner Verklemmtheit: Erst die «Triebsublimierung», so Sigmund Freud in *Das Unbehagen in der Kultur*, «macht es möglich, daß höhere psychische Tätigkeiten, wissenschaftliche, künstlerische, ideologische, eine so bedeutsame Rolle im Kulturleben spielen.» Nur wer sich in Verzicht übt, muss und kann seine Triebziele auf ästhetischer Ebene sublimieren. Wer ständig seine Gefühle hinausschreit, muss nicht schreiben; wer selbstbewusst immer gleich alle Frauen anspricht, wird selten in die Verlegenheit kommen zu dichten.

Seine Befangenheit macht Cyrano nicht nur zum romantischen Dichter par excellence, bei dem (Liebes-)Leben und Werk untrennbar ineinander übergehen – sie macht ihn auch zum Schutzheiligen aller Schüchternen, die sich in seiner tragikomischen Person und Lage wiedererkennen: Sein Name wird heute sowohl von einem Softwareprogramm, das automatische Liebesbriefe generiert, in Anspruch genommen als auch von einer Anwendung für Smartphones, das sozialängstlichen Menschen ein ähnliches Schicksal wie das des armen Haudegen ersparen soll. «Also, schüchtern und alleine war gestern», wirbt die Firma, welche die Anwendung vertreibt, für ihre Dienste, «denn Dank der Cyrano Flirtsprüche App bist Du nie um einen coolen Spruch verlegen, und Dein Traumpartner ist nur einen Spruch entfernt.»

Ob solche Worte aus der Dose tatsächlich einen ähnlichen Erfolg zeitigen wie ehedem die Alexandriner des Cyrano, sei dahingestellt – fest steht, dass die neuen, digitalen Kommunikationsformen gerade für Schüchterne einen scheinbar sicheren Rückzugsort bieten, der es ihnen erlaubt, sich in gebührender Distanz zu ihren Mitmenschen hinter einem Schutzwall aus Schrift zu verstecken. Gegenüber dem altmodischen, mit Feder oder Schreibmaschine verfassten Wort haben die Neuen Medien zudem den unschätzbaren Vorteil, dass sie die unmittelbare Kommunikation nicht nur in Liebesdingen, sondern auch in fast allen anderen Bereichen ersetzen können: Anders als in einem Brief oder Buch kann man im Internet auch Pizza bestellen.

Das World Wide Web, schreiben die Psychologinnen Janet Morahan-Martin und Phyllis Schumacher, sei «das Prozac der sozialen Kommunikation». Doch leider kann auch der Internetgebrauch, wie das genannte Antidepressivum, unerwünschte Nebenwirkungen haben. Um die Jahrtausendwende, also wenige Jahre, nachdem das Internet der Allgemeinheit zugänglich wurde, glaubten einige Psychologen tatsächlich noch, dass das Kommunikationsverhalten im Netz zur ‹Heilung› der Schüchternheit beitragen könne: Sozialphobiker, berichtete etwa eine australische Studie im Jahr 2000, seien online merklich selbstbewusster als in der Face-to-Face-Kommunikation – vor allem aber seien sie in der Lage, dieses Selbstbewusstsein auch in die nicht-virtuelle Welt hinüberzuretten. Nach sechs Monaten intensiven Chattens und E-Mailens sei die Schüchternheit bei der Mehrheit der Probanden merklich zurückgegangen: Das Online-Verhalten habe also auf das Offline-Verhalten abgefärbt, die im Netz erprobten Identitäten seien Teil des Rollenrepertoires in der ‹wirklichen Welt› geworden.

Heute weiß man, dass das Verhältnis zwischen sozialen Ängsten und der virtuellen Welt weitaus problematischer ist als zunächst angenommen: Menschen, die unter Schüchternheit leiden, neigen nicht nur stärker zu Alkoholsucht als andere Menschen, sondern auch zu übermäßigem Internetkonsum, bis hin zu schwerer psychischer Abhängigkeit. Schüchterne *Internet addicts* verbringen deutlich mehr Zeit in sozialen Netzwerken als extrovertierte Menschen, und sie formen dort häufiger enge virtuelle Freundschaften. Zugleich verstärkt der exzessive Aufenthalt im Internet jedoch ebenjene Probleme, denen die Schüchternen durch ihre Flucht in die Virtualität eigentlich zu entkommen suchten: «Durch die konkurrierenden Angebote zwischen echter sozialer Interaktion und geschützter sozialer Interaktion (Facebook, Chats, Rollenspiele)», sagt der Berliner Psychiater und Autor Jakob Hein, «nimmt die Trainingszeit ‹echter› sozialer Interaktion notwendigerweise ab – und damit auch die Kompetenz.» In der Folge fühlen sich die Schüchternen noch einsamer als zuvor, ihr psychisches Wohlbefinden nimmt ab, ihr Selbstbewusstsein leidet. Wie alle Dinge, die das Leben im Allgemeinen und die Schüchternheit im Besonderen erträglicher machen, birgt auch der digitale Schacht von Babel die Gefahr der Überdosierung und Sucht. Man kann sich darin verrennen, man kann darin versinken; der Tunnel kann über einem einstürzen.

Ich selbst bemühe mich nach Kräften, diese Gefahr in Schach zu halten, indem ich sowohl im Hinblick auf analoge als auch auf digitale Suchtmittel einen strengen Diätplan befolge: Kein Internet nach acht Uhr abends, kein Alkohol vor sieben. Drogen sowieso nur selten, und wenn, dann niemals im Zusammenspiel mit mehr als einem der beiden anderen Elemente – die Gefahr, im polytoxischen Rausch auf Facebook kontraphobische Statusmeldungen zu posten, die man später bereuen könnte, verringert sich dadurch erheblich. Wie ich die dafür erforderliche Disziplin aufbringe? Nun, für den moralischen Druck sorgt natürlich mein knallhartes Über-Ich, Agentin Babajaga – die allerdings, wie ich gestehen muss, in letzter Zeit ein wenig die Kontrolle über sich verloren zu haben scheint. Warum raucht sie beispielsweise neuerdings Kette? Und: Was ist das für ein komisches Geräusch? Das klingt ja so, als würde jemand ...

Agentin Babajagas Oberkörper ist nach vorn auf die Tischplatte gesackt. Ihr Kopf ruht auf den verschränkten Unterarmen, ihr Mund ist halb geöffnet, ihren Lippen entsteigt ein fernes Schnurren: Offenbar ist sie über meinen Ausführungen eingeschlafen. Der Ärmel neben ihrem schnarchenden Mund ist mit Lippenstift verschmiert, rot auf weiß ... Erst jetzt fällt mir auf, dass Babajaga einen Arztkittel trägt, er ist ihr viel zu groß, trug sie den schon die ganze Zeit?

Ich blicke mich um: Der Stuhl, der Tisch, die Neonröhre – alles sieht aus wie zuvor. Nur der Spiegel auf der anderen Seite des Raums ist verschwunden und durch einen riesigen Vierfarbdruck mit der Darstellung eines menschlichen Gehirns ersetzt worden. Auch der Rauch, der vorher im Raum stand, hat sich verzogen, Babajagas Zigarette ist erloschen, das silberne Röhrchen, in dem es steckte, ihrer Hand entglitten – allerdings handelt es sich dabei, wie ich nun sehe, keineswegs um eine Zigarettenspitze, sondern um einen Kugelschreiber aus Metall. Offenbar hat Babajaga sich während unseres Gesprächs Notizen gemacht, ein eng beschriebenes Blatt Papier liegt neben ihrem Kopf.

Ich beuge mich behutsam nach vorne, ziehe das Blatt zu mir herüber, drehe es in meine Richtung und versuche, das Gekrakel zu entziffern. Ich sehe eine Reihe lateinischer Begriffe, die ich nicht kenne, offenbar handelt es sich um die Namen von Arzneistoffen:

Alprazolam. Diazepam. Fluoxetin.

Darunter steht, in Druckbuchstaben und mit einem großen Fragezeichen versehen, das Wort

Konfrontationstherapie?

Und ganz unten am Ende der Seite, bemerkenswert lesbar und doppelt unterstrichen, der Satz:

Auf jeden Fall in Behandlung!

Am Apparat Natürlich ist mir das Bedürfnis, meine Schüchternheit abzulegen und als neuer oder zumindest mit nicht gekanntem Selbstbewusstsein ausgestatteter Mensch aus dem Ei zu schlüpfen, nicht ganz fremd. Vor einigen Jahren wurde dieses Bedürfnis drängender denn je: Die ungelesene Post stapelte sich bei mir zuhause auf dem Telefontisch, weil ich mich nicht getraute, sie zu öffnen, während daneben der Anrufbeantworter überlief. Aus Angst vor dem Alleinsein stolperte ich von einer halbgaren Affäre in die nächste, nur um dann aus Angst vor dem Schlussmachen tatenlos zuzusehen, wie aus der halbgaren Affäre eine ungenießbare Beziehung wurde. Nachts träumte ich davon, der Welt mal so richtig die Meinung zu sagen, alle Befangenheit fahren zu lassen und loszubrüllen, bis meine Stimme versagt, wie der kleine Oskar Matzerath, der mit seinem Geschrei die Scheiben seines Klassenzimmers zum Zerbersten bringt – aber das einzige, was Risse bekam und zersprang, war die Eierschale meines Traums, meine Welt wurde brüchig, und dann brach auch meine Stimme, und wenn ich morgens erwachte, fühlte ich mich so schwach und schüchtern wie zuvor.

An diesem trüben Tiefpunkt meines Lebens begab ich mich in Behandlung bei einer, wie eine Bekannte es euphemistisch ausdrückte, ‹klugen Frau›; die etwas profanere, aber ebenfalls angenehm altmodisch anmutende Berufsbezeichnung auf ihrem Praxisschild lautete ‹Nervenärztin›. Leider muss ich sagen:

Die Erfahrung war ernüchternd, und nicht nur, weil die kluge Frau mir eine Reduzierung meines Alkoholkonsums nahelegte. Ich will der Dame nicht Unrecht tun; gut möglich, dass die pflanzenbasierten Stimmungsaufheller, die sie mir verschrieb, ein wenig Licht in meine Seelengruft brachten und mein weiteres Abdriften verhinderten. Die verhaltenstherapeutischen Ratschläge, die sie mir darüber hinaus zu verabreichen sich bemüßigt fühlte, waren aber leider so erschreckend banal, dass meine Achtung für ihren Berufsstand sofort und für alle Zeiten dahin war. Ich erinnere mich an drei zentrale Verhaltensmaßregeln, die sie mir zur Optimierung meines Selbstwertgefühls ans Herz legte:

1. Ich solle morgens immer zur selben Zeit und nach Möglichkeit früh aufstehen. Hm. Dass regelmäßiges, zeitiges Aufstehen gegen seelische Verstimmungen helfen kann, wusste ich bereits aus Nicholson Bakers Roman *Eine Schachtel Streichhölzer*, in dem der Erzähler jeden Morgen in aller Herrgottsfrühe aufsteht, ins Wohnzimmer geht, ein Kaminfeuer entzündet und Kaffee macht, während er die Ente in seinem Garten beobachtet. Das mit dem Kaffeekochen konnte ich gut nachvollziehen, das machte ich auch jeden Tag. Aber früh und regelmäßig? Dass ich mich nur unter meiner Bettdecke richtig sicher fühlte und daher vorzugsweise erst gegen Mittag aus den Federn kroch, war ja Teil meines Problems. Was, so fragte ich mich, würde meine Ärztin einem Mann mit gebrochenem Bein raten: dass er regelmäßig joggen gehen solle, um seine Beinmuskeln zu trainieren und so etwaigen Knochenbrüchen vorzubeugen? Vielleicht wäre mir das Aufstehen ja leichter gefallen, wenn ich eine Ente und einen offenen Kamin gehabt hätte.

2. Was ich ebenfalls nicht hatte, war ein mannshoher Spiegel. Ich solle mir aber, so meine Nervenärztin, unbedingt einen mannshohen Spiegel kaufen. Einen Spiegel, in dem ich mich von Kopf bis Fuß betrachten könne. Was, mein einziger Spiegel sei nur handtellergroß? Warum ich denn keinen größeren Spiegel... Ja, warum nur? Natürlich brauchte ich einen Spiegel, um mich hin und wieder zu rasieren oder mein Ebenbild zu beschimpfen. Aber für die Rasur reichte mir auch ein Rasierspiegel. Und zum Beschimpfen musste ich meinen Körper nicht sehen, dazu genügte mir der Anblick meines Gesichts.

3. Ich solle mir das Selbsthilfebuch *Ich bin o.k. – Du bist o.k.* des Transaktionsanalytikers Thomas A. Harris kaufen. Das Werk, so habe ich inzwischen gelernt, ist eins der erfolgreichsten Sachbücher aller Zeiten und wurde weltweit über fünfzehn Millionen Mal verkauft – aber: nicht an mich. Abgesehen davon, dass ich das Konzept, als Arzt seinem Patienten ein Selbsthilfebuch zu empfehlen, gelinde gesagt kurios finde, sehe ich mich schon aus ästhetischen Gründen außerstande, ein Buch dieses Titels zu kaufen. Ich will nicht okay sein, und ich will auch nicht meine Frau, meine Verwandten oder Freunde okay finden. Ich will sie schätzen, bewundern, lieben oder meinetwegen auch hassen, aber nicht einfach nur irgendwie, ein Stück weit, weil's halt sein muss, akzeptieren.

Eigentlich hätte ich, als meine Ärztin diese Buchempfehlung aussprach, sofort aufstehen, mich mit einem freundlichen «Okay dann!» von ihr verabschieden und ihre Praxis für immer verlassen müssen – dass ich das nicht tat, war wieder mal meiner verdammten Schüchternheit geschuldet. Wenn ich die Therapie letzten Endes doch mit gestärktem Selbstbewusstsein beenden konnte, dann vor allem, weil ich jede Sitzung mit dem Gefühl verließ, die absolute Sinnlosigkeit der dort unternommenen Behandlungsversuche zu durchschauen. Gerade das Scheitern der verhaltenstherapeutischen Maßnahmen führte dazu, dass ich mich besser fühlte. Auf paradoxe Weise war die Therapie also ein Erfolg.

Vermutlich hätte ich an diese inzwischen über ein Jahrzehnt zurückliegende Behandlung keinen Gedanken mehr verschwendet, wenn ich nicht vor Kurzem auf ein Selbsthilfebuch aus dem Jahr 1907 gestoßen wäre. Es stammt aus der Feder eines gewissen Professor Dr. P. Lahn und trägt den griffigen Titel *Die erfolgreiche Bekämpfung der Schüchternheit, Befangenheit, Ratlosigkeit, Lampenfieber, Furcht vor dem andern Geschlecht, Menschenscheu, Angstzustände, Prüfungsangst, krankhaftes Erröten, sowie andere seelische Leiden und die gründliche Heilung und sofortige Beseitigung durch ein sofort ausführbares, kostenloses Verfahren*. Wer beschreibt mein Erstaunen, als ich feststellte, welche Methoden zur erfolgreichen Bekämpfung der Schüchternheit der gute Professor Lahn empfiehlt?

1. Man möge morgens immer zur selben Zeit und nach Möglichkeit früh aufstehen («Da heißt es eben anfangen, [...] einen Ruck nehmen, einen Anlauf machen, sich einen Termin setzen»).

2. Man möge sich umgehend einen großen Spiegel kaufen («Diese Auffindung und Anwendung des fraglichen Gegenstandes bedeutet tatsächlich gegenüber der Schüchternheit, Verlegenheit und ähnlichen Schwächezuständen wahrhaftig das Ei des Kolumbus»).

3. Vor allem aber möge man sich *einen* Grund- und Leitsatz zur Förderung des Selbstbewusstseins einprägen: «‹Auch ich bin wer; Das, was du bist, bin ich auch!› Diese Worte soll sich jeder unhörbar auf die Lippen rufen, wenn ihm die Gegenwart anderer einschüchtern will.» Außer der Tatsache, dass er einen Schüchternheitsratgeber geschrieben hat, weiß ich nichts über Professor Lahn, aber ich möchte wetten: Wenn er, wie Thomas A. Harris, in den Sechzigerjahren in Kalifornien gelebt hätte, würde sein Grund- und Leitsatz etwas anders gelautet haben, nämlich: «Auch ich bin o.k.; So o.k., wie du bist, bin ich auch».

Es ist tatsächlich bemerkenswert, wie beharrlich sich manche Ratschläge zur Bekämpfung der Schüchternheit über die Jahrhunderte hinweg gehalten haben. Dies betrifft vor allem den Ansatz der sogenannten Konfrontationstherapie: Bei dieser verhaltenstherapeutischen Methode stellt sich der Schüchterne gezielt und in zunehmender Intensität seinen Ängsten. Indem er die allmählich schwieriger werdenden Expositionsübungen meistert, soll er lernen, dass seine Befürchtungen, zumindest in dem Maß, in dem er sie erleidet, unbegründet sind; zugleich gewöhnt er sich an die Angst auslösenden Reize.

So empfahl schon Immanuel Kant, dass man Schüchternheit am besten bekämpfen könne, indem man sich gegenüber ihren Auswirkungen allmählich desensibilisiert: Es sei «kein anderes Mittel», schreibt er in der *Anthropologie in pragmatischer Hinsicht*, «als von seinem Umgange mit Personen, aus deren Urtheil über den Anstand man sich wenig macht, anhebend, allmählig von der vermeintlichen Wichtigkeit des Urtheils Anderer über uns abzukommen und sich hierin innerlich auf den Fuß der Gleichheit mit ihnen zu schätzen.»

Anfang des zwanzigsten Jahrhunderts schrieb der erwähnte Professor Lahn: «Das beste Mittel, sich die Schüchternheit abzugewöhnen, ist, sich selbst Aufgaben aufzuerlegen, die einem unangenehm sind und vor denen man sich gefürchtet und gescheut hat. Es gibt Leute, denen nichts peinlicher ist, als antichambrieren zu müssen. [...] Solche Leute müssen daher öfter Besuche machen, sich an das Versprechen und Antichambrieren gewöhnen.»

Ein weiteres Jahrhundert später schließlich – das Antichambrieren, also das Buckeln und Kriechen in den Vorzimmern der Mächtigen, war inzwischen etwas aus der Mode gekommen – gab der renommierte Angstforscher Borwin Bandelow in seinem *Buch für Schüchterne* eine ganze Reihe von Tipps, wie man der eigenen Schüchternheit die Stirn bieten und sie dadurch peu à peu abschütteln solle: «Gehen Sie mit einem Dauergrienen durch die Fußgängerzone einer fremden Stadt. Lächeln Sie penetrant alle Entgegenkommenden an – den Rosenverkäufer, die Dame im Jägerkostüm, die tätowierten Jugendlichen mit Migrationshintergrund. [...] Fragen Sie drei Leute nach dem katholischen Postamt. [...] Bringen Sie einen überforderten Kellner zum Wahnsinn, der in dem überfüllten und personell unterbesetzten Lokal offensichtlich unter Zeitdruck steht, indem sie umständlich Sonderwünsche anbringen. [...] Lassen Sie sich von Anhängern ausgefallener Sekten in der Fußgängerzone ansprechen und machen Sie sich lauthals lustig über sie. [...] Tippen Sie einfach wahllos eine beliebige Nummer ins Telefon und verwickeln Sie denjenigen, der den Hörer abnimmt, in ein sinnloses Gespräch.»

Ich bin mir sicher, dass Professor Bandelow in seiner Eigenschaft als Oberarzt einer psychotherapeutischen Einrichtung schon unzähligen Menschen mit Angststörungen geholfen hat – ob aber solche launigen, in einem Taschenbuch erteilten Ratschläge tatsächlich dazu angetan sind, schüchternen Menschen «Wege aus der Selbstblockade» zu weisen, wie der Untertitel seines Buchs verheißt, wage ich, mit Verlaub, zu bezweifeln. Einige der Selbsthilfetipps, etwa jener mit dem «katholischen Postamt», scheinen schlicht Bandelows kabarettistischer Ader geschuldet zu sein: Angeblich erfand der Angstforscher Ende der Sechzigerjahre, damals noch als Schüler, das Genre der Ostfriesenwitze. Andere Tipps wie die zum Schikanieren unschuldiger Servicekräfte erscheinen mir merkwürdig asozial: Woher kann ich denn wissen, dass der arme, überforderte Kellner nicht ebenfalls sozialphobisch veranlagt ist und durch meine nervigen Sonderwünsche tatsächlich in den «Wahnsinn» getrieben wird? Wäre es gesamtgesellschaftlich gesehen wirklich sinnvoll, das Selbstvertrauen *eines* Menschen zu stärken, indem man das eines *anderen* zugrunde richtet? Wieder andere Ratschläge erscheinen mir nachgerade gefährlich: So fallen mir ohne längeres Nachdenken gleich mehrere Ecken in Berlin ein, wo tätowierte Jugendliche, egal ob mit oder ohne Migrationshintergrund, Entgegenkommenden schon für weniger als ein penetrantes Anlächeln die dauergrienende Visage polieren würden. Und selbst wenn ich durch eine solch brachiale Methode von meiner Schüchternheit geheilt würde: Was nützt mir das schönste Selbstvertrauen, wenn ich mich danach in Behandlung wegen einer gebrochenen Nase begeben muss?

Was die Konfrontation mit Sektenangehörigen angeht, so muss ich gestehen, dass ich diese durchaus schon gesucht habe – allerdings nicht in therapeutischer Absicht, sondern eher aus religionswissenschaftlichem Interesse. Das vorerst letzte Mal stellte ich mich einer solchen Herausforderung in Salt Lake City, jenem Ort in der Wüste von Utah, wo einem gewissen Brigham Young 1847 per göttlicher Vision mitgeteilt wurde, dass er sich mit seinen Anhängern hier niederlassen und einen Tempel errichten solle: Die Stadt am Großen Salzsee bildet seitdem bekanntlich den Hauptsitz der Kirche Jesu Christi der Heiligen der Letzten Tage. Nun handelt es sich bei dieser Glaubensgemeinschaft zwar nicht gerade um eine ‹ausgefallene Sekte›: In Salt Lake City sind etwa die Hälfte der Einwohner Mormonen, weltweit hat die Kirche über vierzehn Millionen Mitglieder. Dennoch stellt der Missionierungseifer, den die stets überkorrekt gekleideten Anhänger dieser Glaubensrichtung an den Tag legen, für den Schüchternen eine ernstzunehmende, dem Gespräch mit Zeugen Jehovas oder Mitgliedern der Jungen Liberalen kaum nachstehende Herausforderung dar.

Ganz konkret war ich an einem Exemplar des Buches Mormon interessiert, jener Offenbarungsschrift, die der Religionsgründer Joseph Smith Anfang des neunzehnten Jahrhunderts mithilfe eines Wahrsagekristalls aus dem ‹reformierten Altägyptisch› übersetzt haben soll, und die zu den kanonischen Texten des Mormonentums zählt. Leider kann man dieses Buch jedoch, wie ich beim Besuch des Temple Square im Herzen von Salt Lake City feststellen musste, nicht käuflich erwerben – man bekommt es stattdessen, wie mir ein freundlicher

Herr in Anzug und Krawatte mitteilte, ganz einfach geschenkt! Alles, was ich tun müsse, sei, diese kleine orangefarbene Karte auszufüllen und gut leserlich meinen Namen, meine Adresse sowie den Tag meiner Rückkehr nach Deutschland darauf zu schreiben, dann werde mir das Buch umgehend zugestellt.

Ich muss gestehen: Ich hatte die Mormonen schlichtweg unterschätzt. Hatte ich tatsächlich geglaubt, dass sich die Mitglieder einer Neureligion eine solche Steilvorlage zum Missionieren entgehen lassen würden? Ein paar Wochen später, ich war zurück in Berlin und kam gerade vom Einkaufen, standen jedenfalls drei ausnehmend wohlfrisierte junge Herren in braunen Anzügen vor dem Haus, in dem ich wohne, mein persönliches Exemplar des Buches Mormon in den Händen. Ich sah sie schon von Ferne – zum Glück hatte ich, im Gegensatz zu ihnen, kein Namensschild am Revers, war also strategisch im Vorteil: Ich wusste, wer sie waren, aber sie konnten nicht wissen, dass ich derjenige war, den sie suchten. Oder doch? Ich spürte, wie mir das Adrenalin in den Schädel schoss und jeden klaren Gedanken aus ihm verdrängte. Binnen Sekundenbruchteilen war meine religionswissenschaftliche Neugier dem Gefühl der Angst gewichen. Das Buch Mormon erschien mir mit einem Mal weitaus weniger interessant als noch wenige Wochen zuvor, neuntausend Kilometer weiter westlich, in Utah.

Wie aber der Konfrontation mit den Missionaren entkommen? Natürlich konnte ich mich einfach mit einem knappen «Tschuldigung!» an ihnen vorbeidrängen (sie belagerten weiterhin das Klingelschild), die Tür aufschließen, blitzschnell durch den offenen Spalt schlüpfen und die Haustür hinter mir ins Schloss ziehen. Was aber, wenn sie versuchten, mir ins Treppenhaus zu folgen? Was, wenn sie mich nach meinem Namen fragten, wenn sie wissen wollten, ob ich einen gewissen Florian Werner kenne? Ich war schwer bepackt und eigentlich spät dran – aber bevor ich mich versah, hatte ich meine Haustür schon weiträumig umgangen und meine Einkaufstüten weiter die Prenzlauer Allee hoch geschleppt. Da die Missionare nicht locker ließen, wiederholte sich dieses beschämende Schauspiel noch ein paar Mal: Sobald ich Männer in dunklen Anzügen in der Nähe meines Hauses erblickte, trug ich meine Einkäufe noch eine Runde spazieren, ganz gleich, wie schwer sie waren und welche Termine auf mich warteten. Undenkbar, dass ich mich dem Gespräch mit den Missionaren gestellt oder mich gar zur Beförderung meines Selbstbewusstseins, wie Professor Bandelow empfiehlt, «lauthals über sie lustig» gemacht hätte. Eher hätte ich mich von ihnen bekehren lassen, auf der Stelle dem Alkohol-, Kaffee- und Schwarzteekonsum abgeschworen und noch am selben Tag ein Zehntel meines Einkommens an die Kirche Jesu Christi der Heiligen der Letzten Tage gespendet. Die Chuzpe, die ich im Temple Square an den Tag gelegt hatte, war nur eine flüchtige Urlaubsbekanntschaft gewesen. Meine Schüchternheit wurde ich so schnell nicht los.

Da ich aber nicht als unbelehrbarer und therapieresistenter Starrkopf erscheinen will, der sich kampflos mit seiner Schüchternheit abfindet, habe ich mich dazu durchgerungen, wenigstens eine der Expositionsübungen aus dem *Buch für Schüchterne* auszuprobieren. Ich habe beschlossen, jenes Problem anzugehen, das mir, wie am Anfang dieses Buchs beschrieben, besondere Magen- und Kopfschmerzen bereitet: «Tippen Sie einfach wahllos eine beliebige Nummer ins Telefon und verwickeln Sie denjenigen, der den Hörer abnimmt, in ein sinnloses Gespräch.»

Vorsichtshalber stelle ich mein Telefon so ein, dass meine Nummer für den Angerufenen nicht sichtbar ist. Vorsichtshalber achte ich darauf, dass die ersten Ziffern der Vorwahlnummer einen Ort nahelegen, der möglichst weit von Berlin entfernt liegt. Dann geht es los. Das Tuten am anderen Ende der Leitung ist erschreckend laut, wie das Klopfen an eine Grabkammer, das die Totenruhe eines bösen Geistes stören könnte, oder doch immerhin die wohlverdiente Mittagspause eines Steuerberaters, Handwerkers, Hausverwalters – wie immer. Ich wandere durch die Wohnung, so als könnte ich dadurch vor dem Telefonat davonlaufen, und fange an zu zählen. Eins...

Die Frauenstimme, die sich meldet, kommt ohne Umschweife zur Sache: «Die gewählte Nummer ist nicht vergeben. *The number you have dialled is not assigned.*» Puh, noch einmal Glück gehabt. Oder auch nicht: Das Warten ist ja das Schlimmste, und mein Nervenkostüm hat schon jetzt eine Laufmasche. Noch ein Versuch. Eins, zwei...

Wieder eine nicht vergebene Nummer. Mein Gott, gibt es denn in Süddeutschland keine Festnetzanschlüsse mehr? Meinem Gefühl nach müsste die willkürlich von mir ausgesuchte Ortsnetzkennzahl irgendwo im Schwarzwald liegen. Nochmal. Eins, zwei, drei...

Das Geräusch, das mir dieses Mal vom anderen Ende der Leitung entgegenschallt, klingt wie mein Tinnitus. Der kann es aber nicht sein, mein Tinnitus sitzt im rechten Ohr, deshalb halte ich den Telefonhörer immer an das linke. Ein Faxgerät. Mein Nervenkostüm hängt in Fetzen an mir herunter. Eins, zwei, drei, vier ...

«Bitte sprechen Sie nach dem Piepton.» Ob das zählt, wenn ich mein sinnloses Gespräch mit einem Anrufbeantworter führe? Wohl kaum. Normalerweise bin ich überglücklich, wenn ich an Stelle eines Menschen aus Fleisch und Blut nur eine Tonbandstimme erreiche; aber nicht jetzt. Lange mache ich diese Übung nervlich nicht mehr mit. Ich bin praktisch nackt. Eins, zwei, drei, vier, fünf ...

«Ja, hallo?» Keine Aufnahme. Eine Frauenstimme. Nicht mehr ganz jung, aber auch noch nicht alt. Auf jeden Fall echt. Vermutlich sollte ich jetzt irgendetwas sagen.

«Ja, guten Tag. Störe ich gerade?»

«Um was goht's denn?» Deutlich schwäbischer Einschlag. Meine Vermutung, dass ich im Schwarzwald landen könnte, war offenbar nicht ganz falsch.

«Verzeihung, wenn ... Es ist, äh, wahrscheinlich etwas merkwürdig. Das ist, ich rufe nur an, das ist sozusagen Teil einer Therapie. Ich soll, ich soll jemanden anrufen, willkürlich, den ich nicht ...»

«Aber net hier!», schneidet die Schwäbin mir kaltherzig das Wort ab. «Auf Wiederhören.» Klick.

Ich bin schockiert. Schockiert über mein Herumgestotter. Schockiert über die von mir an den Tag gelegte, einem erwachsenen Menschen vollkommen unangemessene Befangenheit. Schockiert aber auch über die seelische Hornhäutigkeit der Schwäbin. Andererseits verstehe ich die Frau: Ich habe ja nicht nur gestottert, sondern vor Nervosität auch gejapst und gekeucht wie ein Telefontriebtäter.

Bevor ich das nächste Mal zum Hörer greife, sorge ich deshalb chemisch vor und nehme prophylaktisch eine Tablette Xanax. Dieses Medikament, generischer Name Alprazolam, ist ein Arzneistoff aus der Gruppe der Benzodiazepine: Seine Wirkung beruht darauf, dass er die Aufnahme des Neurotransmitters Gamma-Aminobuttersäure erleichtert, welcher wiederum die Erregbarkeit der Neuronenmembranen im zentralen Nervensystem herabsetzt. Er wird daher unter anderem zur symptomatischen Behandlung von Angststörungen eingesetzt. Bisher kannte ich Xanax eigentlich nur aus der Schönen Literatur: Patrick Bateman, der Titelheld aus Bret Easton Ellis' Roman *American Psycho*, schluckt dieses Präparat immer zur Beruhigung, bevor er eine Prostituierte ermordet oder einen Kollegen mit der Handsäge vivisektiert – und ein Medikament, das das Gewissen eines psychopathischen Serienmörders beruhigt, denke ich, sollte eigentlich auch einem Schüchternen helfen. Außerdem ist Xanax das einzige verschreibungspflichtige Präparat gegen Angststörungen, das ich rezeptfrei über einen Bekannten bekommen konnte.

9:25 Uhr. Die kleine, gelbe, ovale Tablette liegt vor mir auf dem Schreibtisch; die darin eingestanzte Aufschrift lautet *S 901*, in der Mitte befindet sich eine Einkerbung zur leichteren Teilbarkeit. Sieht eigentlich ganz harmlos aus, aber trotzdem bekomme ich es, nachdem ich die Liste mit möglichen Nebenwirkungen gelesen habe, mit der Angst zu tun: Benommenheit, Bewusstseinstrübungen, Muskelschwäche, Koordinationsschwierigkeiten, Kopfschmerzen, Schwindel, Sehstörungen, Verwirrtheit, im schlimmsten Fall paradoxe – das heißt: der angestrebten Wirkung entgegengesetzte – Effekte wie Wutausbrüche, Albträume, Psychosen. Eine komplizierte Situation: Was tun, wenn man Angst vor einer Tablette gegen Angststörungen hat? Vermutlich nimmt man am besten eine Tablette gegen Angststörungen – oder zumindest eine halbe. Ich breche das Oval in zwei Teile, nehme eine Hälfte in den Mund und spüle sie mit einem großen Schluck Hagebutten-Acerola-Tee herunter.

9:57 Uhr. Jetzt müsste eigentlich allmählich etwas passieren. Zumindest ein Placebo-Effekt sollte zu spüren sein, der Literatur zufolge setzt dieser in der Regel schon nach zehn Minuten ein. Aber vermutlich nicht, wenn man ihn erwartet.

10:26 Uhr. Ich nehme die zweite Hälfte der Tablette, setze mich ans Fenster in die Sonne und lese Rousseau. Der Philosoph beteuert, durch die Schilderung seiner Schüchternheit ebendiese, zumindest innerhalb des Textes, überwunden zu haben: «Ich habe den ersten, den peinvollsten Schritt in dem dunklen und schlammigen Labyrinth meiner Bekenntnisse getan. […] Von nun an bin ich meiner sicher; nach dem, was ich zu erzählen gewagt habe, kann nichts mehr mich aufhalten.» Ich habe leichte Schwindelgefühle, fühle mich ansonsten aber ziemlich gut. Ob das an der schriftlichen Verarbeitung meiner peinlichen Erinnerungen liegt oder doch eher an den 0,5 Milligramm Alprazolam, die sich gerade über die Gamma-Aminobuttersäure-Rezeptoren in meinem Thalamus hermachen, vermag ich nicht sagen.

10:56 Uhr. Eine große Leichtigkeit durchflutet mich. Die

Herbstsonne fällt direkt in meine Seele, ach was, sie scheint durch meinen Körper und wirft an die Wand einen pulsierenden, herzförmigen Schatten. Als ich lese, dass der schüchterne Rousseau als Knabe einer Nachbarin in den Kochtopf «gepißt» habe und dass die Erinnerung an diesen schäbigen Streich ihn auch noch fünfzig Jahre später zum Lachen bringt, erfasst mich unaussprechliche Freude. Ja, denke ich, einfach mal der Welt in den Kochtopf pinkeln! Oder sie zumindest mit albernen Telefonaten belästigen. Ich glaube, ich bin bereit.

11:02 Uhr. Ich mache mir einen Kaffee, setze mich an den Küchentisch und greife ohne zu zögern zum Telefon. Mein Atem ist flach, meine Hand ganz ruhig. Außerdem weiß ich nun, was ich bei meinem letzten Telefonat falsch gemacht habe: Ich hätte mich an Stelle der Schwäbin auch nicht mit einem Menschen unterhalten, der nicht einmal seinen Namen preisgibt. Ich habe keine Angst, mich zu verraten, ich brauche nicht einmal ein Pseudonym. Eins, zwei ...

«Hallo?»

«Guten Tag, mein Name ist Dr. Werner. Ich würde Sie gern für die Teilnahme an einer kurzen psychologischen Studie gewinnen. Haben Sie zwei Minuten Zeit?»

Natürlich regnet es auch diesmal wieder Absagen: Die erste Frau, die ich erreiche, kocht gerade Mittagessen, die zweite ist ihren Worten zufolge gerade «besetzt» – aber ich lasse mich nicht beirren, die Ausreden tropfen links und rechts an mir ab. Ich hake nach, vereinbare Termine für den nächsten Tag, probiere es immer wieder. Eins, zwei ...

«Ha ja. Zwei Minuten habe ich schon.»

«Na, das ist ja wunderbar! Passen Sie auf, es ist ganz einfach:

Ich nenne Ihnen einen Begriff, und Sie sagen mir so schnell wie möglich, welche Assoziation Sie dazu haben. In Ordnung? Prima, es geht los. Licht.»

«Das müssen wir haben!»

«Schatten.»

«Den müssen wir auch haben! Damit wir Geld haben.»

Aha. Hm. Meint sie das jetzt im übertragenen Sinn, also: dass man nicht mehr ganz dicht sein muss, wenn man heutzutage noch Erwerbsarbeit leistet? Oder hat sie mich durchschaut und versucht, mir das durch die Blume zu verstehen zu geben: Ich weiß, Sie haben einen Schatten, aber Sie sind jung und brauchen das Geld? Egal, weiter.

«Schildkröte.»

«Die sonnt sich am liebsten.»

«Das ist richtig. Auge.»

«Damit kann man sehen und lesen.»

«Alprazolam.»

«Wie bitte?»

«*Alprazolam.*»

«Kenn ich nicht.»

«Kein Problem, dann nehmen wir gleich den nächsten Begriff: Schüchternheit.»

«Ist heute nicht mehr so gut.»

«Aha. Und warum nicht?»

«Schüchtern darf man heute nicht mehr sein. Sonst kommt man nicht durch.»

Oha! Die bisher ausführlichste und am besten begründete Antwort. Okay, das letzte Stichwort:

«Sprungbrett.»

«Ach, da geh ich nicht mehr drauf! Ich bin ja schon neunzig!»

«Hahaha! Schon neunzig! Na, dann ist natürlich klar, dass Sie...»

Ich fasele weiter wie ein hochgekokster Staubsaugervertreter, merke aber, wie sich trotz des Alprazolams allmählich mein Gewissen bemerkbar macht. Ich will der alten Dame ja nichts Böses, aber trotzdem erscheint mir mein Verhalten mit einem Mal unfassbar niederträchtig. Als dann auch noch eine misstrauisch gewordene Tochter, Schwiegertochter oder Enkelin am anderen Ende der Leitung das Gespräch übernimmt, hänge ich hastig auf. Was sollte ich ihr auch erzählen? Dass ich nicht etwa, wie sie vielleicht denken könnte, ein Trickbetrüger bin, sondern nur ein verklemmter Autor auf Tranquilizern, der sich am Telefon mal seinem inneren Schweinehund stellen will?

Ich mache mir Sorgen, dass die freundliche alte Dame nun von ihrer Tochter/Schwiegertochter/Enkelin Vorhaltungen gemacht bekommen könnte, weil sie sich so unbefangen mit einem wildfremden Menschen unterhalten hat; dass sie ab jetzt bei jedem Anrufer argwöhnisch wird und der Welt nur noch mit Misstrauen begegnet. Ich überlege ernsthaft, noch einmal bei ihr anzurufen und mich zu entschuldigen, aber meine alte Angst ist wieder da: Während ich meinen Gedanken nachhing, muss der Häuptling aus Tonga unauffällig zur Tür hereingekommen sein, leise murmelnd das Telefon umschritten haben und wieder verschwunden sein. Die Schüchternheit, das wusste schon Immanuel Kant, «läßt sich nicht so leicht wegkünsteln. Denn [...] der erste Versuch zur Dreistigkeit, wenn er fehlschlägt, [macht] nur noch schüchterner.» Ich schäme mich entsetzlich.

Ich muss sagen: Je länger ich darüber nachdenke, desto unwahrscheinlicher erscheint es mir, dass irgendein schüchterner Mensch je eine Übung wie diese ohne professionelle psychotherapeutische Begleitung in Angriff genommen, geschweige denn dadurch seine Schüchternheit auch nur ansatzweise überwunden hat. Trotzdem empfehlen fast alle Schüchternheitsratgeber, wie der englische Wissenschaftskritiker Christopher Lane schreibt, bis heute unverdrossen eine solche Herangehensweise: «Stelle dich deinen Ängsten; sag dir, dass du es schaffen kannst; nimm dir praktische Aufgaben vor, die allmählich schwieriger werden; sei aber trotzdem du selbst.»

Daneben hat in den vergangenen Jahrzehnten aber auch eine Pathologisierung und, damit einhergehend, eine zunehmende Medikalisierung der Schüchternheit stattgefunden. Folgt man der Argumentation, die Lane in seinem Buch *Shyness: How Normal Behavior Became a Sickness* entfaltet, so gelten Eigenschaften und Verhaltensweisen, die vor einer Generation noch als ‹normal› galten, inzwischen oft als psychopathologische Störungen, die der – vorzugsweise medikamentösen – Therapie bedürfen. Während man schüchterne Menschen früher einfach nur für «introvertiert und vielleicht ein bisschen seltsam» gehalten oder sogar für ihr zurückhaltendes Wesen bewundert habe, so müssten sie sich heute immer wieder der Diagnose erwehren, krank zu sein: «Wir haben die Definition dessen, was gesundes Verhalten darstellt, so dramatisch eingeengt», schreibt Lane, «dass ganz gewöhnliche Schrullen und

Macken, die zum *normalen* Spektrum adoleszenter und erwachsener Gefühlsäußerungen gehören, als problematisch und bedrohlich gelten und medikamentös behandelt werden.»

Dieser psychologische Paradigmenwechsel – der, wie so viele Entwicklungen in der westlichen Welt, seinen Ausgang in den USA nahm – verdankt sich Lane zufolge nicht zuletzt dem Einfluss der Amerikanischen Psychiatrischen Vereinigung APA, die seit Mitte der 1970er Jahre das Krankheitsbild der Sozialen Phobie diskursiv konstruierte. Die APA ist der einflussreichste Verbund von Psychiaterinnen und Psychiatern weltweit, und sie gibt in unregelmäßigen Abständen das psychiatrische Klassifikationshandbuch *Diagnostic and Statistical Manual of Mental Disorders* oder kurz DSM heraus, das als klinisches Referenzwerk – seit 1996 auch in deutscher Übersetzung – weltweit in Gebrauch ist: Es stellt mithin, so Christopher Lane, «die Bibel der Psychiatrie» dar und verändert zunehmend «unsere Auffassung davon, welches psychische Verhalten als normal anzusehen ist». Viele psychiatrische Diagnosen in asiatischen und afrikanischen Ländern, in Mittel- und Südamerika und dem Nahen Osten orientieren sich inzwischen an der Klassifikation des DSM. In deutschen, schweizerischen und österreichischen Kliniken wird zwar noch das konkurrierende Klassifikationssystem der Weltgesundheitsorganisation namens ICD *(International Statistical Classification of Diseases and Related Health Problems)* verwendet – doch bei wissenschaftlichen Publikationen, die sich auf dem amerikanischen Markt behaupten sollen, kommt auch bei uns vermehrt das DSM zum Einsatz.

Während dieses Handbuch nun bis zu seiner zweiten Auflage den Tatbestand der Sozialangst noch gar nicht kannte, führte es in seiner dritten Auflage aus dem Jahr 1980 erstmalig Stichworte wie *social phobia* oder *avoidant personality disorder* auf: Es machte diese Verhaltensweisen also allererst als mögliche psychische Erkrankungen kenntlich; wer zuvor noch schlicht-umgangssprachlich als ‹schüchtern› gegolten hatte, konnte nun mit dem altsprachlichen und dadurch ungleich therapiewürdiger anmutenden Adjektiv ‹sozialphobisch› bezeichnet werden. Die Erschaffung der Sozialphobie als Krankheit war also gewissermaßen ein adamitischer, ein sprachschöpferischer Akt.

Gleichzeitig wurde die Liste der Verhaltensweisen und subjektiven Empfindungen, die als Anzeichen für eine soziale Phobie gelten konnten, maßgeblich erweitert – da Schüchternheit nur selten mit messbaren physiologischen Symptomen einhergeht, eignet sie sich besonders für solche konzeptuellen Umwidmungen und Ausbauten. Mit einem Mal genügte dem DSM zufolge die bloße *Befürchtung*, dass man sich in einer sozialen Situation wiederfinden *könnte*, in der man *möglicherweise* von anderen beobachtet wird und sich dabei in blamabler Weise verhält, als Anzeichen für eine Sozialphobie. «Wenn man die Schwelle für eine psychische Störung so niedrig ansetzt», schreibt Lane, «dann kann man fast jede Gefühlsregung als psychische Störung im DSM auflisten.» Tatsächlich stieg der geschätzte Bevölkerungsanteil der Personen, die unter dieser neu entdeckten Krankheit litten, in den USA binnen weniger Jahre von unter vier auf beinahe zwanzig Prozent, 1993 ernannte die Zeitschrift *Psychology Today* sie sogar zur «psychischen Störung des Jahrzehnts.» Unter klangvollen Namen wie Sozialphobie oder *social anxiety disorder* wurde Schüchternheit zu einer der am häufigsten gestellten psychiatrischen Diagnosen in der westlichen Welt.

Und wem diese Krankheit eingeschrieben wurde, dem wurde und wird sie hernach nicht selten mit medikamentöser Hilfe wieder ausgetrieben. Denn natürlich verdankte sich die Einsicht, dass eine bis dato weitgehend als normal geltende Verhaltensdisposition in Wahrheit therapiebedürftig sei, nicht zuletzt dem Einfluss der Pharmaindustrie, die binnen weniger Jahre beinahe hundert Millionen Dollar in Werbung für Medikamente gegen Angststörungen investierte und gelegentlich sogar Tagungen der Amerikanischen Psychiatrischen Vereinigung sponserte: Eine wichtige Konferenz der APA Mitte der 1980er Jahre in Boston, auf der die diagnostischen Kriterien für Angststörungen definiert wurden, wurde beispielsweise von dem Pharmagiganten Upjohn bezahlt – der zufällig gerade ein Mittel gegen Angststörungen namens Xanax lanciert hatte. Von den hundertsechzig Experten, die derzeit an einer Neufassung des DSM arbeiten (darunter auch deutsche Forscher), haben mehr als die Hälfte finanzielle Verbindungen zur pharmazeutischen Industrie. Und unter den siebenunddreißig Ärzten, welche die Kliniken für Psychiatrie an deutschen Universitätskliniken leiten, gibt es dem Wissenschaftsjournalisten Jörg Blech zufolge gerade einmal zwei, die auf ihrem beruflichen Werdegang *keine* finanziellen Zuwendungen von Pharmaunternehmen erhalten haben.

Im Fall der sozialen Angststörungen wurde also ein Absatzmarkt geschaffen, der zuvor noch nicht oder zumindest nicht in diesem Umfang existiert hatte -- und dies erforderte eine grundlegende Umschulung der Kunden. «Patienten mit sozialen Angststörungen glauben oft fälschlicherweise, sie seien einfach nur sehr schüchtern», wie es eine innerbetriebliche Mitteilung des Pharmaunternehmens SmithKline Beecham aus dem Jahr 1998 formulierte: «Dies ist ein weit verbreiteter Irrtum.» Ähnlich besorgt äußerte sich eine große europäische Studie aus dem Jahr 2011, die von dem dänischen Arzneimittelhersteller Lundbeck mitfinanziert wurde: Ihr zufolge leiden fast vierzig Prozent aller EU-Bürger unter einer psychischen oder neurologischen Störung (wobei Angststörungen mit einem Anteil von vierzehn Prozent den Spitzenreiter stellen) – doch nicht einmal ein Drittel der Betroffenen begebe sich deswegen in Behandlung. «Das niedrige Problembewusstsein gekoppelt mit dem Unwissen über das wahre Ausmaß hinsichtlich Häufigkeit, Belastungen und Störungen in allen Gesellschaften und Schichten», so der Leiter der Studie, der Dresdner Psychologe Hans-Ulrich Wittchen, «ist das zentrale Hindernis für die Bewältigung dieser Herausforderung.» Mit anderen Worten: In der EU gibt es angeblich über hundert Millionen psychisch Gestörter, die sich unter einem trügerischen Schleier der Normalität verstecken; ja mehr noch, möglicherweise wissen sie nicht einmal selbst, *dass* oder *wie sehr* sie unter ihrer Störung leiden.

Wer sich für schüchtern hält, muss sich also eigentlich ständig fragen, ob er nicht in Wirklichkeit eine soziale Angststörung hat, die nur bislang nie als solche diagnostiziert wurde – gemäß dem altbewährten medizinischen Grundsatz: Ein gesunder Mensch ist nur einer, der nicht lange genug untersucht wurde. In den USA sind mittlerweile fast zwanzig Millionen Menschen aufgrund einer sozialen Phobie mit Psychopharmaka behandelt worden. In Deutschland stieg die Zahl der von den gesetzlichen Krankenkassen verschriebenen Tagesdosen an Psychostimulanzien innerhalb von nur fünf Jahren, zwischen 2005 und 2010, um mehr als fünfzig Prozent. Der Verbrauch an Psycholeptika – zu dieser Arzneimittelgruppe gehören angstlösende Mittel wie Alprazolam – nahm zwar nur unwesentlich zu, dafür stieg der durch ihren Verkauf erlangte Umsatz im selben Zeitraum um beinahe dreißig Prozent. Inzwischen beläuft sich der jährliche Umsatz bei diesen beiden Arzneimittelgruppen in Deutschland auf über zweieinhalb Milliarden Euro.

Kein Wunder, dass auch viele medizinische Laien inzwischen der Meinung sind, dass Schüchternheit etwas sei, das man besser wegmachen lassen sollte, wie Warzen, Zahnverfärbungen oder Fettpolster – oder doch immerhin etwas, das dem Individuum, wie die genannten körperlichen Defekte, beim Fortkommen in unserer kompetitiven, auf Selbstdarstellung ausgerichteten Gesellschaft empfindlich im Wege stehen kann. Um noch einmal meine anonyme, altersweise Gesprächspartnerin zu zitieren: Schüchtern darf man heute nicht mehr sein, sonst kommt man nicht durch.

Oder vielleicht doch?

Keine falsche Scham　　Manchmal stelle ich mir vor, wie meine Seele, mein Geist oder was auch immer meinem Körper bei seinem Ableben entfleuchen mag, nach meinem Tod vor das Himmelstor kommt – und sich dann dort genauso schüchtern und blöde anstellt wie damals, vor meiner Geburt, das zu meiner Entstehung bestimmte Spermium. Ich stelle mir vor, wie meine Seele sich unschlüssig am Rand der entsprechenden Wolke herumdrückt; wie sie aus respektvollem Abstand die unendlich lange Schlange beobachtet, die sich über den Hügel aus Wasserdampf, durch die angrenzenden Lüfte und bis in alle Ewigkeit hinzieht; wie sie sich zu guter Letzt überwindet, sich in diesen Reigen seliger Geister einzureihen; und wie sie dann, wenn sie endlich an der Reihe wäre, ans Himmelstor zu klopfen, doch der Mut verlässt. Vielleicht macht Petrus ja gerade Mittagspause und will nicht gestört werden? Und falls er wider Erwarten doch aufmacht: Was soll ich dem himmlischen Türhüter sagen, wenn er mich nach meinen guten Charaktereigenschaften fragt? «Äh, hm, tja ... ich bin schüchtern?» Wird Petrus mich bei einer solchen Antwort nicht flugs zur Konkurrenz schicken, weil im Himmel für solche Feiglinge kein Platz ist?

«Wie lange willst du denn noch hier rumstehen?», will die selbstbewusste Seele, die hinter mir in der Schlange steht, wissen: «Ich hab nicht ewig Zeit!»

Doch, hast du, will ich sie höflich korrigieren, aber da höre ich schon vom Himmelstor her ein Geräusch. Ein Schlüssel wird im Schloss gedreht, ein Riegel zurückgeschoben, dann öffnet sich knarzend die Tür: Petrus schielt durch den Spalt, um zu sehen, warum es draußen so ungewöhnlich ruhig ist. Zum Glück bin ich bereits blutlos und leer, sonst würde ich jetzt erröten. Jetzt gilt's, denke ich. Ich muss es ihm sagen. Warum sollte man auch als Schüchterner die Chance haben, das Himmelreich zu erlangen? Hat die Schüchternheit vielleicht doch etwas Gutes?

Normalität Fangen wir einmal ganz bescheiden an: Schüchternheit ist, zumindest solange sie nicht zu einer lebensbestimmenden, leidensintensiven Neurose auswuchert, weder gut noch schlecht, sondern schlicht ganz alltäglich. «Ein gewisses Maß an Sozialangst», so der Psychiater Isaac Marks, gelte seit jeher als «vollkommen normal» und stehe keineswegs im Widerspruch zu einem «hervorragenden Funktionieren» innerhalb der Gesellschaft. Dass der Kontakt mit bestimmten Personen – Vorgesetzten, die einem kündigen könnten, Frauen, die einen küssen könnten, Fremden, die einen bei alldem beobachten könnten – mehr oder weniger stark angstbesetzt ist, sollte daher kaum der Rede wert sein.

Im Gegenteil, man könnte sogar sagen, dass gerade die *Abwesenheit* von Angst in solchen Situationen ein bedenkliches Anzeichen für eine dysfunktionale Persönlichkeit darstellt: Menschen, denen Gefühle der Scham, Scheu oder Schüchternheit fremd sind, fehlt, in den Worten des Psychologen Rowland S. Miller, ein wichtiger psychischer «Feedback-Mechanismus», der sie davor bewahrt, gesellschaftliche Normen zu verletzen. Sie laufen daher eher Gefahr als andere, sich zu «antisozialen Psychopathen» zu entwickeln; oder wie es Millers Kollege Ray Crozier in hemdsärmeliger Deutlichkeit formuliert: «Sie sind unsensibel, rücksichtslos oder gleichgültig» und erscheinen daher wahlweise als «‹schamloses Luder›» oder als «‹arroganter Hurensohn›».

Dennoch werden solche Luder und Hurensöhne vergleichsweise selten als sozial auffällig oder gar therapiebedürftig diagnostiziert – womöglich, weil sie einen Gutteil der sogenannten Leistungsträger unserer Gesellschaft stellen: Ohne ein gewisses Maß an Größenwahn und Rücksichtslosigkeit wird man es wohl kaum in den Aufsichtsrat eines DAX-Unternehmens oder eine politische Spitzenposition schaffen. Dass eine gewöhnliche Verhaltensdisposition wie die Schüchternheit hingegen als Problem wahrgenommen und bisweilen sogar als Krankheit stigmatisiert wird, sagt vermutlich mehr über unsere *exposure culture* und deren exhibitionistische Erwartungshaltungen aus als über das von Schüchternheit betroffene Individuum.

Möglicherweise ist unsere gesunkene Toleranz für soziale Befangenheit aber auch ein Indiz für die gewachsenen Perfektionsansprüche einer Gesellschaft, die für solche und andere Macken immer weniger Verständnis hat und sie daher am liebsten pharmakologisch, therapeutisch oder operativ entfernen, wenn nicht gleich im genetischen Keim ersticken möchte. Man muss sich nicht gerade die Position des blinden, an einen Rollstuhl gefesselten Hamm aus Samuel Becketts *Endspiel* zu eigen machen, der seinen – körperlich und seelisch kaum minder mitgenommenen – Mitspielern am Schluss des Stücks defätistisch zuruft: «Ihr seid auf der Erde. Dagegen gibt es kein Mittel!» Man kann sich aber schon fragen, ob ein gewisses Maß an Anomalität, Irrationalität und ja, auch Angst zum irdischen Dasein notgedrungen dazugehört.

Notwendigkeit Hinzu kommt: Schüchternheit ist nicht nur normal, sondern gesamtgesellschaftlich gesehen sogar unabdingbar. Ein schüchternes Verhalten trägt nämlich dazu bei, so Ray Crozier, «das gesellschaftliche Leben zu regulieren, und minimiert zugleich das Risiko gewalttätiger Konflikte sowie die Gefahr, dass die Aktivität innerhalb der Gruppe unwiderruflich zusammenbricht».

Anders gesagt: Es kann in einer Gesellschaft nicht nur Alpha-Tiere geben – man braucht auch Beta-, Gamma- oder gar Delta-Tiere, die sich gefügig dem Leithammel unterordnen und dadurch vermeiden, dass jede Auseinandersetzung gleich in einen tödlichen Beschädigungskampf ausartet. Oder vulgärhegelianisch gesprochen: Es kann nicht nur Herren geben, die den Kampf auf Leben und Tod suchen – man benötigt auch Knechte, die sich ihnen unterordnen (und dabei, nebenbei bemerkt, realwirtschaftliche Werte schaffen). Oder, auf die denkbar kleinste und urtümlichste Konkurrenzsituation, nämlich den vorgeburtlichen *stand-off* zwischen meinem Zwillingsbruder und mir übertragen: Wir konnten nicht beide zugleich geboren werden. *This birth canal ain't big enough for the both of us.* Es kann nur einen Erstgeborenen geben. Vielleicht habe ich das schon damals intuitiv verstanden, meinem Bruder den Vortritt gelassen und dadurch uns beiden ein schmerzhaftes, dem reibungslosen Ablauf einer Geburt nicht gerade zuträgliches Gerangel am Muttermund erspart. Der Schüchterne gibt nach.

Empfindsamkeit Mit einer solchen auf die edle Selbstlosigkeit des Schüchternen abhebenden Argumentation dürfte meine Seele ihrem Einlass ins Himmelreich bereits ein beträchtliches Stück näher gekommen sein. Aber: Ist Schüchternheit tatsächlich so altruistisch? Profitiert das schüchterne Individuum nicht auch von seiner Befangenheit? Tatsächlich zieht der Schüchterne ja einen nicht unbeträchtlichen Krankheitsgewinn aus dem Gefühl, dass er der einzig Sensible unter Holzklötzen, eine Mimose unter tumben deutschen Eichen ist. «Je schüchterner einer ist, umso mehr setzen sich weniger Schüchterne gegen ihn durch», schreibt Martin Walser in seinem Essay *Über die Schüchternheit*: «Er verhilft also anderen zu Erfolgserlebnissen. Und darf sich besser vorkommen als die, die sich ihm gegenüber durchsetzen. Das ist die ins Durchsetz- und Konkurrenzwesen eingebaute Trostmoral.» Gerade aus seiner sozialen Randlage zieht der Schüchterne eine masochistisch grundierte Lust.

Letztlich ist nämlich auch der Schüchterne nicht frei von Eitelkeit und Selbstbewusstsein: Seine ständige Selbstdurchstreichung, seine ostentative Zurückhaltung, sein ohrenbetäubendes Schweigen stellen eine Art negativer Egozentrik dar, eine Eigenliebe, die sich im Gewand des Selbsthasses kaschiert. «Um betont schamhaft und schüchtern sein zu können», schreibt der Philosoph und Psychologe Josef Rattner, «muss man [...] auch eine Portion ‹Narzissmus› im Seelenleben aufweisen. [...] Jede leidenschaftliche Selbstkritik enthält unfehlbar ein narzisstisches Element; denn der Kritiker ist stolz darauf, dass er sich so vieler Fehler bewusst ist, indes seine primitiveren Mitmenschen in dumpfer Ahnungslosigkeit dahinleben.» So verwandelt der Schüchterne gerade seine größte Schwäche, zumindest vor sich selbst, in eine charakterliche Stärke.

Intensität Und vielleicht ist sein Stolz ja auch nicht ganz unberechtigt. Schließlich nimmt der Schüchterne nicht nur seine eigenen (tatsächlichen oder vermeintlichen) Fehler, sondern das Leben im Allgemeinen – gerade weil ihm Handlungen, die anderen als selbstverständlich erscheinen, so schwer fallen – besonders intensiv wahr. Was für andere Menschen dröge Routine darstellt, ist für ihn ein ausgewachsenes Abenteuer; was andere kaum bemerken, erscheint ihm schier unerreichbar und flimmert daher in besonderem Glanz. «Lächerliche und rührende Erinnerung: Der erste Salon, den man mit achtzehn Jahren allein und ohne Schutz betritt!», heißt es in Stendhals *Rot und Schwarz*: «Der Blick einer Frau genügte, um mich einzuschüchtern. [...] Doch damals in der gräßlichen Qual meiner Schüchternheit, wie schön war da ein schöner Tag!»

Die Schüchternheit verselsamt gewissermaßen die Alltagswelt. Sie legt einen zartrosa Schleier über das Einerlei, so wie die Schamesröte das Antlitz des Schüchternen umhüllt. Sie macht deutlich, wie kostbar, kompliziert und vergänglich unsere sozialen Beziehungen sind. Nur der Durstende weiß ein Glas Wasser wirklich zu schätzen, nur der, für den soziale Kontakte keine Selbstverständlichkeit darstellen, das Bad oder zumindest das behutsame Plantschen in der Menge. Vielleicht muss man erst durch das Fegefeuer der Angst gehen, um das Himmelreich der (guten) Gesellschaft zu erlangen. Vielleicht wird erst durch die Schüchternheit ein schöner Tag wahrhaftig schön.

Überblick Der Schüchterne ist nämlich, entgegen einer weitverbreiteten Auffassung, nicht unsozial. Im Gegenteil, er sehnt sich danach, unter Menschen zu sein, dazuzugehören, einzutreten – er verharrt nur eben etwas länger auf der Schwelle. Der Schüchterne befindet sich, auf seine Stellung innerhalb der Gesellschaft bezogen, also in einer liminalen Position; er ähnelt darin der Figur des Fremden, wie der Soziologe Georg Simmel sie beschrieben hat: Er ist seinen Mitmenschen gleichzeitig nah und fern, «ein Element der Gruppe [...], dessen immanente und Gliedstellung zugleich ein Außerhalb und Gegenüber einschließt». Aufgrund dieser Doppelnatur verfügt er über ein besonderes Maß an Objektivität und Freiheit, das es ihm erlaubt, «auch das Nahverhältnis wie aus der Vogelperspektive [zu] erleben». Unablässig hinterfragt der Schüchterne seine eigene Position, wechselt den Standpunkt, versetzt sich bald in diese und bald in jene Rolle, beobachtet, vergleicht, bewertet, wobei er, bewusst oder unbewusst, ein Verhältnis kommunikativer Asymmetrie herstellt.

Der Schüchterne studiert die Gesichter der anderen, weicht

aber selbst ihren Blicken aus. Er senkt den Kopf und verbirgt dadurch seine Mimik, er bringt seinen Körper unter Jacken, Kapuzen und Mützen zum Verstummen – und wenn kein anderes Mittel mehr hilft, «übergießt» ihn die Schamesröte und entzieht ihn dadurch, wie Walter Benjamin es formuliert, «wie unter einem Schleier den Blicken der Menschen». In gewisser Weise dreht der Schüchterne also den Spieß, der so schmerzhaft in seiner Seite steckt, einfach um: Er wendet den Blick gegen seine Betrachter. Er fühlt sich von seiner Umwelt beobachtet, also beobachtet er seine Umwelt. Der Schüchterne weiß mehr über seine Mitmenschen, als diese ahnen. Er ist ein Spion, ein stiller Teilhaber, ein Ethnograph seiner Kultur und Gesellschaft.

Widerstand Und was er sieht, behagt ihm nicht besonders: Die *exposure culture* ist keine Gesellschaftsform die er, und sei es nur als Beobachter oder systemrelevantes Delta-Tier, mittragen möchte. Aber natürlich ist gerade der Schüchterne ein guter Demokrat: Jede Form der Herrschaft, die Einzelne ungebührlich ins Rampenlicht rückt, ist ihm zuwider, und dass er sich selbst auf dem politischen Parkett exponieren könnte, erscheint ihm völlig undenkbar. Auch seine Systemkritik kommt deshalb auf leisen Sohlen daher.

Der Schüchterne beschränkt sich darauf, die Glaubenssätze der Casting-Gesellschaft durch seine schiere Anwesenheit in Frage zu stellen. «Schüchternheit ist nicht nur ein passiver Zustand», schreibt die Soziologin Susie Scott, «der darin besteht, dass man aus Befangenheit oder Willensschwäche oder sozialer Unerfahrenheit am sozialen Miteinander nicht teilnehmen *kann*. Man könnte sie auch als subtile, aber wirkungsvolle Form des Widerstands interpretieren [...]. Indem der Schüchterne die stillschweigenden moralischen Übereinkünfte in Frage stellt, die unserem täglichen Miteinander zugrunde liegen, problematisiert er die gedankenlose Fortschreibung bestimmter sozialer Muster; er hinterfragt Konzepte, die sonst als selbstverständlich gelten.»

Der Schüchterne wäre mithin eine Art klandestiner Widerstandskämpfer, der sich der Teilnahme an der großen spätkapitalistischen Selbstdarstellungsschau verweigert – und sein gesellschaftliches Ver- oder besser Enthalten ein stiller Ausdruck der Nonkonformität, ein friedlicher Akt sozialen Ungehorsams. Die Schüchternheit ist eine Eigenschaft, die sich nicht ohne weiteres in die marktwirtschaftliche Logik unserer Leistungsgesellschaft einfügen lässt: Durch ihre Präsenz stellt sie das Idealbild des ‹normalen›, auf Durchsetzungsfähigkeit und Selbstdarstellung programmierten Homo oeconomicus in Frage. Indem der Schüchterne auf der Schwelle verharrt, lenkt er den Blick auf die Möglichkeit, dass es auch ein Außen, eine Alternative gibt.

Offenheit   Der Schüchterne ist also beileibe nicht so handlungsunfähig, wie es den Anschein haben mag, im Gegenteil: Sein Zögern, sein Zaudern wendet sich höflich, aber bestimmt, in den Worten des Literaturwissenschaftlers Joseph Vogl, «gegen die Festigkeit von Weltlagen, gegen die Unwiderruflichkeit von Urteilen, gegen die Endgültigkeit von Lösungen». Indem der Schüchterne im Türrahmen stehen bleibt, verharrt er im Reich der Potentialität; er ist, um eine Formulierung von Giorgio Agamben zu verwenden, «totipotent»: Er könnte alles tun, er könnte alles lassen – er muss aber noch nicht einmal das tun. *I would prefer not to.*

Das Unvermögen des Schüchternen, sich zu entscheiden oder zu handeln, wäre also nicht so sehr die «Negation eines Vermögens», sondern, so die Philosophin Alice Lagaay, ein «eigenständiger Ermöglichungsgrund». Derjenige, der handelt, läuft nämlich nicht nur Gefahr, sich zu blamieren – er beraubt sich zugleich, gerade durch seine Handlung, aller anderen Handlungsmöglichkeiten. Mit jeder Entscheidung entscheidet man sich gegen eine Alternative, mit jedem Weg, den man einschlägt, wendet man einem anderen den Rücken zu. Der Schüchterne bleibt erst einmal am Scheideweg stehen. Er verharrt im Unbestimmten. Er belässt die Dinge in der Schwebe. Gerade, weil er sie noch nicht genutzt hat, stehen ihm alle Möglichkeiten offen.

Schücht rnheit   Vielleicht ist es also an der Zeit, sich wieder auf die positiven Seiten der Schüchternheit zu besinnen – oder besser gesagt: auf die positiven Seiten einer Charaktereigenschaft, die im Lauf der Jahrhunderte, unter dem Druck der Geschichte, allmählich verschüttet worden und dadurch aus dem Blick geraten sind. Vielleicht erfordert dies ein spracharchäologisches Verfahren, ein beharrliches Grabbeln und Graben, ein Scharren in den Sedimenten der Sprachgeschichte – bis man schließlich, in den untersten semantischen

Schichten, am Grund des Schachtes von Babel, auf ein paar verstaubte, beschädigte Bedeutungsfragmente trifft, die einmal zu dieser Charaktereigenschaft gehört haben und die möglicherweise wieder zu ihr gehören sollten:

Be cheid nheit
M tleid
S nn für das r chte Maß
Fei gef hl
Rücksi ht

– um nur einige zu nennen. Holen wir sie hervor, stauben wir sie ab, setzen wir sie wieder ein. Keine falsche Scham. Seien wir ruhig ein bisschen schüchtern.

Von der neuen Insel Aidotopia Natürlich ist mir klar, dass es bis zu einer solchen Rehabilitation der Schüchternheit ein weiter Weg ist. Ich weiß, dass es immer Menschen geben wird, die für ein schüchternes Betragen einfach nicht gemacht sind, die unheilbar selbstbewusst sind, und das ist ja auch in Ordnung: Schüchternheit und Selbstbewusstsein sind nicht ohne einander zu haben, sie bedingen sich gegenseitig, sie gehören zusammen wie Licht und Schatten.

Trotzdem stelle ich mir manchmal vor, wie es wäre, in einer Welt zu leben, in der man als Schüchterner nicht ständig das Gefühl haben muss, hinter den Ansprüchen und Erwartungshaltungen der dominanten Kultur zurückzubleiben... einer Welt, in der die Deutungshoheit nicht in den Händen der Selbstbewussten liegt... in der die Schüchternheit nicht das negative Supplement zum Zentrum, sondern schlicht die Normalität darstellt... kurzum: Ich träume von einer Welt, in der alle Menschen schüchtern sind. In Anlehnung an das altgriechische Wort für Schamhaftigkeit sowie an Thomas Morus' berühmten Idealstaat nenne ich sie im Geiste ‹Aidotopia›.

In Aidotopia gewinnen bei Abstimmungen stets die Kandidaten, die den unauffälligsten Wahlkampf geführt haben. Da sowieso nur diejenigen als Kandidat aufgestellt werden, die zu langsam waren, jemand anderem den Vortritt zu lassen, verlaufen die politischen Debatten in Aidotopia selbst nach landesüblichen Maßstäben äußerst höflich und ruhig.

In Aidotopia liegen die ökonomischen Geschicke des Landes nicht in den Händen von ein paar aufgedrehten Koksern, sondern werden von besonnenen Johanniskrautteetrinkern geregelt. Feindliche Übernahmen fremder Unternehmen sind unbekannt, wer mit einer Firma fusionieren möchte, schreibt dem Aufsichtsratsvorsitzenden ein entsprechendes Gedicht.

Überhaupt florieren in Aidotopia die Schönen Künste, da die Aidotopier alles, was sie nicht zu sagen wagen, in Versen, Gemälden und pantomimischen Darstellungen verarbeiten: Ein normaler Tag in einer aidotopischen Straße gleicht daher einer Mischung aus Kunstmesse und Straßentheaterfestival. Allerdings werden die dort dargebotenen Werke nicht als Kunst wahrgenommen, sondern gelten einfach als gewöhnliche Formen der Kommunikation.

Die beliebteste Fernsehsendung des Landes heißt *Der Superschüchterne* und wird jeden Tag rund um die Uhr ausgestrahlt, auf dem einzigen existierenden Kanal. In der Sendung gibt es keine Jury, da kein Aidotopier bereit ist, sich dergestalt in den Vordergrund zu spielen. Auch die Kandidaten sind nie zu sehen, weil sie sich andauernd in der Studiokulisse versteckt halten – was, nebenbei bemerkt, auch die einzige Fähigkeit ist, die sie vorweisen müssen, weshalb in jeder Folge von *Der Superschüchterne* immer alle Kandidaten gewinnen.

Begriffe wie ‹Schüchternheit›, ‹Scheu› und andere sinnverwandte Wörter sind in Aidotopia natürlich durchgängig positiv besetzt, und es gibt unter aidotopischen Jugendlichen kein größeres Kompliment, als jemanden oder etwas der Schüchternheit zu bezichtigen: Wie schüchtern ist *das* denn?! Die neue Platte von den Shy Guys ist wirklich phobisch! Das ist ja wohl die Hemmung! Ich glaube, ich krieg gleich Sozialangst!

Die aidotopische Nationalsportart ist Tischtennis-Rundlauf; Schmetterbälle sind allerdings verboten, und alle Teilnehmer haben unendlich viele Leben. Die aidotopische Nationalpflanze ist die Mimose, das Nationalgericht ist ein bis zur Unkenntlichkeit im Teigmantel versteckter Apfel im Schlafrock, und die Nationalhymne ist vor allem sehr leise.

Das Wappentier von Aidotopia ist natürlich die Schildkröte. Sie flattert auf der aidotopischen Fahne, sie ziert die Münzen und Geldscheine des Landes, und im Herzen der Hauptstadt, inmitten eines riesigen Freigeheges, wurde ihr vor Urzeiten ein Altar errichtet. Er besteht aus einem massiven Sandsteinblock in Form eines Rückenpanzers; doch wenn man genauer hinschaut, befindet sich an seinem Fuß, in der Mitte des Sockels, ein etwa handtellergroßes Loch. In der dahinter liegenden Höhle wohnt eine viele hundert Jahre alte Landschildkröte; und zwar ebenjenes Exemplar, das für die Darstellungen auf der Flagge und der Währung als Vorbild gedient haben soll. Überprüfen lässt sich das nicht, da sich die Schildkröte schon seit Generationen nicht mehr aus ihrem Bau herausbewegt und den Menschen gezeigt hat. Manche sind daher der Meinung, sie sei tot. Ich glaube aber, sie ist ganz einfach schüchtern.

Ich danke Adam, Elke, Jochen, Marin, Matthias, Michael, Sabine und Wolfram für die Geburtshilfe, Omofolabo für Kehinde, Tobi für den Soundtrack, Alice für die Stille und Svenja für alles. Für fachlichen Rat danke ich Jakob Hein und Christopher Lane. Ein besonders dickes Dankeschön geht an Mariana und Tobias.

Literaturliste

Alfred Adler: *Über den nervösen Charakter: Grundzüge einer vergleichenden Individualpsychologie und Psychotherapie.* Göttingen 1997.
Giorgio Agamben: «Idee der Kindheit». In: *Idee der Prosa.* Frankfurt am Main 2003: 91–95.
Chris Anderson: *The Long Tail: Why the Future of Business Is Selling Less of More.* New York 2006.
Aristoteles: *Nikomachische Ethik.* Stuttgart 2003.
Aurelius Augustinus: *Vom Gottesstaat.* 2 Bände. Zürich 1955.
Nicholson Baker: *A Box of Matches.* London 2004.
Borwin Bandelow: *Das Buch für Schüchterne: Wege aus der Selbstblockade.* Reinbek bei Hamburg 2007.
Henry Beard: *Latin for All Occasions.* New York 1990.
Samuel Beckett: *Endspiel. Fin de partie. Endgame.* Frankfurt am Main 1974.
—. *Murphy.* Montreuil und London 1993.
Walter Benjamin: «Über die Scham». In: *Gesammelte Schriften.* 7 Bände. Frankfurt am Main 1985: VI, 69–71.
G. H. Berndt: *Schüchternheit, nervöse Angst= u. Furchtzustände sowie andere seelische Leiden und ihre dauernde Heilung.* Leipzig o. J.
Jörg Blech: «Seelsorge für die Industrie». In: *DER SPIEGEL* 20/2011: 116–120.
Heinrich Christian Boie: «Schäferlehren». In: *Göttinger Musenalmanach auf das Jahr 1774.* Göttingen 1962 [1774]: 160–163.
Norbert Bolz: «Wettkampf der Feuerwerker». In: Bernhard Pörksen und Wolfgang Krischke (Hrsg.): *Die Casting-Gesellschaft: Die Sucht nach Aufmerksamkeit und das Tribunal der Medien.* Köln 2010: 68–81.
Pierre Bourdieu: *Sozialer Sinn: Kritik der theoretischen Vernunft.* Frankfurt am Main 1993.
Joanna Bourke: *Fear: A Cultural History.* London 2005.
Joachim Heinrich Campe: «Sensation, Sensibilität, Sentiment, sentimental, sentimentalisieren, u.s.w.» In: Gerhard Sauder (Hrsg.): *Theorie der Empfindsamkeit und des Sturm und Drang.* Stuttgart 2003: 44–47.

W. Ray Crozier: *Understanding Shyness: Psychological Perspectives*.
Houndmills und New York 2001.
W. Ray Crozier und Lynn E. Alden: «The Social Nature of Social Anxiety».
In: Dies. (Hrsg.): *International Handbook of Social Anxiety: Concepts,
Research and Interventions Relating to the Self and Shyness*. Chichester et al.
2001: 1–20.
Christoph Demmerling und Hilge Landweer: *Philosophie der Gefühle.
Von Achtung bis Zorn*. Stuttgart und Weimar 2007.
Jacques Derrida: *Grammatologie*. Frankfurt am Main 1983.
René Descartes: *Über die Leidenschaften der Seele. Philosophische Werke*.
4 Bände. Leipzig 1911: IV.
Die Bibel. Nach der Übersetzung Martin Luthers. Stuttgart 1999.
Norbert Elias: *Über den Prozeß der Zivilisation: Soziogenetische und
psychogenetische Untersuchungen*. 2 Bände. Frankfurt am Main 1997.
Flanders & Swann: «Twice Shy». In: *The Complete Flanders & Swann*.
EMI, 2009.
Michel Foucault: *Überwachen und Strafen: Die Geburt des Gefängnisses*.
Frankfurt am Main 1977.
Georg Franck: «Die Währung des Glotzens». In: Bernhard Pörksen
und Wolfgang Krischke (Hrsg.): *Die Casting-Gesellschaft:
Die Sucht nach Aufmerksamkeit und das Tribunal der Medien*.
Köln 2010: 126–137.
Sigmund Freud: *Das Unbehagen in der Kultur*. In: *Studienausgabe*.
10 Bände. Frankfurt am Main 2000: IX, 191–270.
—. «Die Weiblichkeit». A.a.O.: I, 544–565.
Ute Frevert: «Was haben Gefühle in der Geschichte zu suchen?». In:
Geschichte und Gesellschaft: Zeitschrift für Historische Sozialwissenschaft 35
(2009): 183–208.
Ralph Geisenhanslüke: «Echte Helden sind schüchtern». In: *DIE ZEIT*,
12. 1. 2012: 52.
Gesundheitsberichterstattung des Bundes. http://www.gbe-bund.de,
zuletzt besucht am 31. 1. 2012.
Johann Wolfgang Goethe: *Hermann und Dorothea*. In: *Werke*. 10 Bände.
Zürich und Stuttgart 1962: VII, 717–797.
Erving Goffman: *Wir alle spielen Theater: Die Selbstdarstellung im Alltag*.
München und Zürich 1983.
Ulrich Greiner: «Oh, wie peinlich! Über die Wiederkehr eines scheinbar
verschwundenen Gefühls». In: *DIE ZEIT*, 20. 10. 2011: 49–50.
Jacob und Wilhelm Grimm: *Deutsches Wörterbuch*. 33 Bände.
München 1984 [1854].

Bertram Häussler, Ariane Höer und Elke Hempel (Hrsg.): *Arzneimittel-Atlas 2011: Der Arzneimittelverbrauch in der GKV*. München 2011.

Martin Heidegger: *Sein und Zeit*. Tübingen 2001.

Johann Christian Friedrich Hölderlin: «Seyn, Urtheil, ...». In: *Theoretische Schriften*. Hamburg 1998: 7–8.

Eugène Ionesco: *Die kahle Sängerin*. In: *Werke*. 6 Bände. München 1985: I, 5–45.

Franz Kafka: «Der Bau». In: *Beschreibung eines Kampfes: Novellen, Skizzen, Aphorismen aus dem Nachlaß*. Frankfurt am Main 1983: 132–165.

—. «Fragmente aus Heften und losen Blättern.» In: *Hochzeitsvorbereitungen auf dem Lande und andere Prosa aus dem Nachlaß*. Frankfurt am Main 1983: 163–302.

Immanuel Kant: *Anthropologie in pragmatischer Hinsicht*. In: *Kants gesammelte Schriften*. 29 Bände. Berlin 1907: VII, 117–333.

Albrecht Koschorke: *Körperströme und Schriftverkehr: Mediologie des 18. Jahrhunderts*. München 1999.

Alice Lagaay und Juliane Schiffers: «Enthaltung als Chance? Ein Gespräch über radikale Passivität bei Giorgio Agamben». In: Emmanuel Alloa und Alice Lagaay (Hrsg.): *Nicht(s) sagen: Strategien der Sprachabwendung im 20. Jahrhundert*. Bielefeld 2008: 265–283.

P. Lahn: *Die erfolgreiche Bekämpfung der Schüchternheit, Befangenheit, Ratlosigkeit, Lampenfieber, Furcht vor dem andern Geschlecht, Menschenscheu, Angstzustände, Prüfungsangst, krankhaftes Erröten, sowie andere seelische Leiden und die gründliche Heilung und sofortige Beseitigung durch ein sofort ausführbares, kostenloses Verfahren*. Dresden o. J.

Christopher Lane: *Shyness: How Normal Behavior Became a Sickness*. New Haven und London 2007.

Anke Lengning: *Gehemmtheit in neuen Situationen*. Frankfurt am Main et al. 2004.

Oliver Lepsius: «Die Causa Guttenberg als interdisziplinäre Fallstudie – eine Einleitung». In: Oliver Lepsius und Reinhart Meyer-Kalkus (Hrsg.): *Inszenierung als Beruf: Der Fall Guttenberg*. Berlin 2011: 7–17.

Herman Melville: *Bartleby the Scrivener*. New York 2010.

Rowland S. Miller: «Shyness and Embarrassment Compared: Siblings in the Service of Social Evaluation». In: W. Ray Crozier und Lynn E. Alden (Hrsg.): *International Handbook of Social Anxiety: Concepts, Research and Interventions Relating to the Self and Shyness*. Chichester et al. 2001: 281–300.

Janet Morahan-Martin: «Internet Use and Abuse and Psychological Problems». In: Adam N. Joinson et al. (Hrsg.): *The Oxford Handbook of Internet Psychology*. Oxford et al. 2007: 321–345.

Karl Philipp Moritz: *Anton Reiser: Ein psychologischer Roman*. München 1991.

Robert Musil: *Der Mann ohne Eigenschaften*. 2 Bände. Reinbek bei Hamburg 1987.
Friedrich Nietzsche: *Die Geburt der Tragödie*. In: *Kritische Studienausgabe*. 15 Bände. München 1999/Berlin und New York 1988: I, 9–156.
Flann O'Brien: *The Third Policeman*. London 1993.
Jean Piaget: *Der Aufbau der Wirklichkeit beim Kinde*. In: *Gesammelte Werke*. 10 Bände. Stuttgart 1975: II.
Platon: *Phaidon*. In: *Sämtliche Werke*. 10 Bände. Frankfurt am Main und Leipzig 1991: IV, 185–347.
—. *Protagoras*. In: *Sämtliche Dialoge*. 7 Bände. Hamburg 1988: I.
Edgar Allan Poe: «The Tell-Tale Heart». In: *The Complete Stories*. London 1992: 657–661.
Bernhard Pörksen und Wolfgang Krischke: «Vorwort». In: Dies. (Hrsg.): *Die Casting-Gesellschaft: Die Sucht nach Aufmerksamkeit und das Tribunal der Medien*. Köln 2010: 7–37.
Josef Rattner: «Individualpsychologie von Scham und Schüchternheit». In: *Jahrbuch für Verstehende Tiefenpsychologie und Kulturanalyse* 18/19 (1998/99): 127–147.
Andreas Reckwitz: «Umkämpfte Maskulinität. Zur Historischen Kultursoziologie männlicher Subjektformen und ihrer Affektivitäten vom Zeitalter der Empfindsamkeit bis zur Postmoderne». In: Manuel Borutta und Nina Verheyen (Hrsg.): *Die Präsenz der Gefühle. Männlichkeit und Emotion in der Moderne*. Bielefeld 2010: 57–77.
Lynne D. Roberts, Leigh M. Smith und Clare M. Pollock: «'u r a lot bolder on the net': Shyness and Internet Use». In: W. Ray Crozier (Hrsg.): *Shyness: Development, Consolidation and Change*. London und New York 2000: 121–138.
Edmond Rostand: *Cyrano von Bergerac*. Stuttgart und Berlin 1926.
Jean-Jacques Rousseau: *Abhandlung über den Ursprung und die Grundlagen der Ungleichheit unter den Menschen*. Stuttgart 2010.
—. *Bekenntnisse*. Frankfurt am Main und Leipzig 1983.
—. *Träumereien eines einsamen Spaziergängers*. Basel 1943.
Jürgen Ruhnau: «Scham, Scheu». In: *Historisches Wörterbuch der Philosophie*. 13 Bände. Darmstadt 1971 ff.: VIII, 1208–1215.
Max Scheler: «Über Scham und Schamgefühl». In: *Gesammelte Werke*. 15 Bände. Bern 1957: X, 65–154.
Klaus R. Scherer: *Psychologie der Emotion*. Göttingen, Toronto und Zürich 1990.
Friedrich Schiller: *Über naive und sentimentalische Dichtung*. Marbach am Neckar 1953.

Arthur Schopenhauer: «Über die Weiber». In: *Sämtliche Werke*. 5 Bände. Frankfurt am Main 1986: V, 719–735.

Susie Scott: «The Shell, the Stranger and the Competent Other: Towards a Sociology of Shyness». In: *Sociology* 38:1 (2004): 121–137.

Richard Sennett: *Verfall und Ende des öffentlichen Lebens: Die Tyrannei der Intimität*. Frankfurt am Main 1986.

William Shakespeare: *As You Like It*. London 1975.

Georg Simmel: «Exkurs über den Fremden». In: *Gesamtausgabe*. 23 Bände. Frankfurt am Main 1992: XI, 746–771.

—. «Zur Psychologie der Scham». *Schriften zur Soziologie: Eine Auswahl*. Frankfurt am Main 1983: 140–150.

Georg Stanitzek: *Blödigkeit: Beschreibungen des Individuums im 18. Jahrhundert*. Tübingen 1989.

Stendhal: *Rot und Schwarz*. München 2006.

Laurence Sterne: *A Sentimental Journey through France and Italy*. London 1967.

A. M. Textor: *Sag es treffender*. Reinbek bei Hamburg 2010.

The Smiths: «Ask/Cemetry Gates». Rough Trade 1986.

Joseph Vogl: *Über das Zaudern*. Zürich und Berlin 2007.

David Foster Wallace: «The Suffering Channel». In: *Oblivion*. New York und Boston 2004: 238–329.

Martin Walser: *Über die Schüchternheit: Ein Versuch*. Eggingen 2000.

Bryan Walsh: «The Upside of Being an Introvert (and Why Extroverts Are Overrated)». In: *TIME*, 6. Februar 2012: 28–33.

Christian Weber: «Jeder dritte Europäer leidet an einer Störung des Gehirns». In: *Süddeutsche Zeitung*, 6. September 2011: 16.

Max Weber: *Die protestantische Ethik*. Gütersloh 1991.

Nikolaus Wegmann: *Diskurse der Empfindsamkeit: Zur Geschichte eines Gefühls in der Literatur des 18. Jahrhunderts*. Stuttgart 1988.

Oscar Wilde: «Lord Arthur Savile's Crime». In: *Lord Arthur Savile's Crime & Other Stories*. London 1891: 1–73.

Hans-Ulrich Wittchen et al.: «The Size and Burden of Mental Disorders and Other Disorders of the Brain in Europe 2010». In: *European Neuropsychopharmacology* 21 (2011): 655–679.

Léon Wurmser: *Die Maske der Scham: Die Psychoanalyse von Schamaffekten und Schamkonflikten*. Berlin et al. ²1993.

Philip G. Zimbardo: *Shyness: What It Is. What to Do About It*. Reading, MA et al. 1977.